Staats- und socialwissenschaftliche Forschungen

herausgegeben

von

Gustav Schmoller.

Erster Band. Erstes Heft.

Inama-Sternegg, Die Ausbildung der grossen Grundherrschaften in Deutschland während der Karolingerzeit.

Leipzig,

Verlag von Duncker & Humblot.

1878.

Die Ausbildung

der

grossen Grundherrschaften

in Deutschland

während der Karolingerzeit.

Von

Dr. Karl Theodor von Inama-Sternegg,
Professor in Innsbruck.

Leipzig,
Verlag von Duncker & Humblot.
1878.

Pierer'sche Hofbuchdruckerei. Stephan Geibel & Co. in Altenburg.

Inhalt.

Einleitung.

Wie wir die deutschen Völkerstämme auf ihren grossen Wanderungen sehen, ist ihre sociale Organisation nur in der Heeresverfassung zu erkennen, die, auf der Grundlage der Familien- und Geschlechterordnung aufgebaut, geeignet war, sowohl dem Angriff und der Vertheidigung zu dienen, als auch die Ordnung der öffentlichen Angelegenheiten überhaupt zu ermöglichen.

Kein Zweifel, dass diese Heeresverfassung auf socialer Unterlage ruhte. Ihre Wurzeln sind weit hinab zu verfolgen in jene Zeit, welche uns die Berichte des Cäsar und Tacitus etwas aufhellen; ja sie würden wohl noch Jahrhunderte weiter zurück zu finden sein, wenn es möglich wäre, den Schleier zu lüften, der über des deutschen Volkes Urzeit liegt.

Aber zweierlei ist naheliegend: die sociale Ordnung des deutschen Volkes musste für die Zwecke der kriegerischen Wanderschaft besonders modificirt werden, und die alten Wurzeln der Heeresverfassung mussten um so mehr absterben, je länger sie aus dem Erdreich gerissen waren, aus dem sie ihre Nahrung zu ziehen sich gewöhnt hatten. So musste das Gaufürstenthum gegenüber dem Herzogsamte, der alte Stammesadel gegenüber dem Gefolgsadel zurücktreten; am meisten aber werden diejenigen Seiten der socialen Ordnung von dem kriegerischen Wanderleben afficirt worden sein, welche auf wirthschaftlicher Grundlage ruhten. Denn die Wirthschaft des Volkes hörte ja während der Periode der Völkerwanderung so zu sagen auf. Eroberung, Beute traten an die Stelle des friedlichen Erwerbs; das Gewonnene wurde bald die Beute des zerstörenden Kriegs, bald ungemessener Begier und Genusssucht, bald musste es bei weiterer Wanderung wieder zurückgelassen werden; die güteransammelnde Thätigkeit war ebenso behindert wie die gütererwerbende. Vorhandenes Vermögen aber konnte nur als Geld und Waffen, oder als Sklaven und Vieh in grösserer Menge gebraucht werden. Die Werthformen des

Nationalvermögens waren ebenso beschränkt. Und selbst wo die Wirthschaft für kürzere Zeit sich wieder etabliren und mit der Hoffnung auf Dauer festere Zustände begründen wollte, war doch die nothwendige militärische Vorsicht ein Hinderniss; aus dem Gesichtspunkte der Disciplin, der Abhärtung, aber auch der Vertheidigungsfähigkeit und Actionsfreiheit war an einen raschen Uebergang zu ruhiger Wirthschaft auch in ruhig gewordener Zeit nicht zu denken. Die wirthschaftlichen Zustände der deutschen Stämme während der Völkerwanderung werden wesentlich unvollkommener als zu Tacitus Zeiten, im Ganzen mehr den von Cäsar geschilderten entsprechend gewesen sein.

So weit also sociale Schichtung und Organisation auf Besitz und Erwerb begründet war, ist sie sicherlich durch die Völkerwanderung grossen Veränderungen unterlegen; und wir sind am Beginn der fränkischen Zeit vor eine reiche Fülle neuer socialer Thatsachen gestellt, die überall nach Ordnung und Gestaltung rangen.

Es darf nicht Wunder nehmen, dass das junge fränkische Reich zunächst hiefür nichts leistete.

Die kühne Schöpfung Chlodovechs bedurfte vor Allem einer unzweifelhafter Sicherung ihres Bestandes; ihre Politik äussert sich in erster Linie in Organisation der Macht; die kirchliche und die Rechtsorganisation folgte; die Verbindung für die Zwecke des königlichen Fiscus war nur eine Ergänzung der Macht. Aber das, was wir Verwaltung nennen, und worunter wir insbesondere die sociale Organisation von Staatswegen und die gemeinwirthschaftliche Leistung des Staates verstehen, das fehlte vollständig. Das Wenige, was der Art erscheint, ist mehr römischer Nachklang als eigne Schöpfung der fränkischen Könige; die ausgesprochenen Rücksichten der Staatsgewalt auf das öffentliche Wohl aber überhaupt kaum mehr als eine abgelernte römische Phrase*).

Selbst in der Behandlung des Grundbesitzes, dessen Wechsel und reiche Verfügung in der Hand der Könige die wichtigste Rolle spielte, ist kein socialpolitischer Gedanke, geschweige eine bewusste Organisation zu entdecken. Er war nur Machtmittel für die Herrschaftsgewalt, und kein Bewusstsein von den socialen Folgen der Verleihung und Veränderung tönt aus den Klagen über das Zusammenschmelzen des Kronguts.

Das Volk war für die Befriedigung seiner wirthschaftlichen Bedürfnisse sich selbst überlassen; die Volksrechte,

*) Vgl. insbesondere Waitz Verfassungsgeschichte II, S. 444, 449, 654.

welche auch für diese Verhältnisse die rechtliche Grundlage bildeten und mit ihren einzelnen Bestimmungen immerhin auf Besitz und Erwerb, auf Gütervertheilung und Erbgang massgebend einwirkten, unterlagen zwar einer Revision durch die fränkischen Könige; aber es ist nicht ersichtlich, dass bei dieser Gelegenheit auch nur ein socialpolitischer Gedanke zur Durchführung gekommen wäre*).

Ebenso wenig aber zeigt die oberste Gewalt in den einzelnen grossen Abtheilungen des deutschen Volkes eine selbstbewusste socialpolitische Wirksamkeit. Was sich derart z. B. in den Tassilonischen Decreten findet, gehört schon einer Zeit an, die unter dem reformatorischen Einflusse der karolingischen Ideen wie der grundherrschaftlichen Tendenzen stand. Und ähnlich verhält es sich nun auch mit den engeren Abtheilungen des Volksthums, auf welche wir bei diesem Stande der Dinge verwiesen werden. Die Grafschaften und die Gaue haben keine Selbstverwaltung, und die öffentliche Gewalt, die sie in Königs Namen übten, gab ihnen zu solchem Eingreifen keine Veranlassung. Weder in allgemeinen Anordnungen, noch in der urkundlich hervortretenden Wirksamkeit der Grafen und Gauvorstände ist ein Anhaltspunkt gegeben, um dieser Gliederung des Reiches eine selbständige Bedeutung für die sociale Verwaltung beizumessen. Speciell für alle volkswirthschaftlichen Angelegenheiten ist die Grafschaft im Kleinen der getreue Ausdruck für das Mass des Interesses, welches das Reich im Grossen an der Entwickelung der Zustände hatte.

Anders allerdings ist die Hundertschaft zu beurtheilen. Zwar hat sie gewiss als alte Zahlenabtheilung des Heeres etwas Gemachtes, Mechanisches an sich (Waitz). Aber bei der bekannten Bedeutung, welche die Heeresverfassung für die Gestaltung der ersten Ansiedlung hatte, wurde doch gerade die Centene für den Beginn geordneter Wirthschaftszustände von grösstem Einfluss. Denn es ist zum mindesten wahrscheinlich, dass die Centenen sich auch bei der Ansiedlung zusammenhielten, schon um den werthvollen Heeresverband nicht zu gefährden, so lange es nicht ausser Frage stand, ob die Ansied-

---

*) Die Annahme, dass die frühere Untheilbarkeit und Unveräusserlichkeit des Losguts erst durch die fränkische Redaction der Volksrechte beseitigt und eine wesentlich erweiterte Verfügungsfreiheit statuirt worden sei (z. B. bei Hüllmann „Stände“, welcher die Veränderungen dem eigennützigen Einflusse der Kirche zuschreibt; neuerdings noch Gierke) ist unerwiesen. Freilich aber müssen wir gestehen, dass hier noch vieles dunkel ist und einer Aufhellung durch eine kritische innere Geschichte der Volksrechte dringend bedarf.

lung eine bleibende werden könne, oder ob das Volk von Neuem die Wanderung fortzusetzen haben werde.

Wir kennen aber keine Ansiedlung, weder im Dorf- noch im Hofsystem, die nicht, ursprünglich wenigstens, auch über Gemeinland verfügt hätte; und eben dieser Gemeinbesitz, der auch eine Gemeinbewirthschaftung oder doch eine gemeinsame Ordnung der ökonomischen Interessen gebieterisch verlangte, war der Kitt, der die Centene zusammenhielt, und ihr eine Bedeutung für die Ausgestaltung der socialen Zustände verlieh.

Aber freilich erfuhr diese Stellung der Centene, die wir nur vermuthen, nicht beweisen können, im Laufe der Zeit erhebliche Veränderungen. In ihrer Mitte wuchs die Familie, die sich gewiss schon im Heeresverbande zusammengehalten hatte, und nun, nach eingetretener Sesshaftigkeit auch in ökonomischer Beziehung fester zusammenwuchs, zu immer grösserer socialer Bedeutung heran; gegenüber dem Mechanismus der Hundertzahl, die sich überdiess mit der Sesshaftigkeit bald verwischte, waltete in ihr ein organisches Princip des Wachsthums, und so bildeten sich Gemeinschaften, die zwar an dem Gemeinland der Centene festhalten konnten, aber doch in ihm nur ein zufälliges, nicht nothwendiges Attribut erblickten, das sie auch aufhoben und unter sich theilten, sobald ihre Interessen es verlangten oder die natürliche Scheidung der Familien vollzogen war. Dem Verband der Hundertschaft verblieb dann, als Reminiscenz an den Heeresverband, die Bedeutung einer politischen Verbindung, die nur so weit fungirte, als überhaupt die öffentliche Gewalt solche Functionen verlangte.

Und da diess nun mit zunehmender Ausbildung des fränkischen Reiches in erhöhtem Masse der Fall war*), so gewann die Centene immer mehr den Charakter einer blossen Gerichtsgemeinde für die Rechtsprechung in kleineren Sachen wie für die gerichtliche Polizei überhaupt. Als solche hörte sie immer mehr auf, ein selbständiger politischer Körper zu sein; sie diente nunmehr bloss der höheren staatlichen Ordnung, welche das Frankenreich in den Grafschaften ausbildete.

Wohl finden wir in der Merowinger Zeit noch Hundertschaften mit einem markgenossenschaftlichen Verbande; aber es sind diess nur einzelne Erscheinungen und auch dann beschränkt sich die Genossenschaft streng auf die Angelegenheiten dieser gemeinsamen Markgründe. Als politische Organisation ist aber die Centene ebensowenig mit socialen Aufgaben befasst wie die höheren Organe, in deren Dienst sie gestellt ist.

---

*) Hieher gehören besonders Childeberti decretio (cc. 595) c. 11, 12 und Chlotacharii decretio c. 1. Mon. Germ. LL. I, 11.

So sind wir denn, wenn von der ältesten socialen und volkswirthschaftlichen Organisation der Deutschen die Frage geht, auf die sogenannte Markgenossenschaft verwiesen, die als örtlich begrenzte Gemeinschaft des Volkslebens mit Beginn der urkundlichen Zeit uns überall entgegentritt, und von allen politischen Verbänden unterschieden werden kann. Es muss gezeigt werden, welche Bedeutung ihr für die sociale Organisation und die Wirthschaft des deutschen Volkes zukam, bevor mit der grossen Grundherrschaft ein neues organisatorisches Princip in der Geschichte der deutschen Gesellschaft auftritt.

I.

Die Bedeutung der Markgenossenschaft für die sociale Organisation und die Volkswirthschaft vor der Ausbildung der grossen Grundherrschaften.

So überaus dürftig auch die urkundlichen Belege vom Dasein und der Wirksamkeit der Markgenossenschaft in der ältesten Zeit der definitiven Besiedlung des deutschen Bodens sind, so muss es doch gestattet sein, eben diese Genossenschaft freier Männer, welche auf einer bestimmten Gemarkung als Dorfschaft oder Bauerschaft mit Einzelansiedlung bestand, als die älteste Form einer socialen und besonders wirthschaftlichen Organisation der Deutschen anzunehmen.

Die Nachrichten, welche wir über das Leben der Deutschen vor der Völkerwanderung besitzen, berechtigen uns ebensosehr, als die späteren Aeusserungen der genossenschaftlichen Wirksamkeit dazu, auch für die dazwischenliegende Zeit in dem Princip der freien Genossenschaft das Fundament des socialen Aufbaues zu erblicken.

Dass sie bestanden hat, dass in ihren Formen sich das ökonomische und im Wesentlichen auch das gesellschaftliche Leben der Deutschen in den ersten Zeiten nach der Völkerwanderung bewegte, das braucht nicht mehr bezweifelt zu werden.

Aber was die Genossenschaft bedeutete für das Leben des Einzelnen, wie für höhere allgemeine Ziele der Cultur, mit welchen Mitteln, in welchen Formen sie wirksam wurde für Erweckung und Belebung der Kräfte, welche in einem Volke schlummern, bis die Zauberformel der socialen Organisation sie erweckt, — das Alles ist dunkel und unbestimmt. Was die sociale Geschichtsschreibung uns darüber aussagt, das ist zum Theil nur historische Conjectur, welche in der Annahme einer überaus grossen Beharrlichkeit der agrarischen Zustände des früheren Mittelalters ihre Berechtigung sucht und die spätern Aeusserungen eines genossenschaftlichen Lebens mehr als Nachklänge einer früheren Zeit, denn als selbständige Producte der Zeit darstellt, in welcher sie auftraten; zum Theil aber sind es doctrinäre Annahmen, welche aus dem Wesen des Genossenschaftsbegriffs, wie er sich sonst wohl, und besonders im spätern Mittelalter ausprägt, Folgerungen ziehen in Bezug auf die nothwendigen Lebensäusserungen einer solchen Genossenschaft, und diese theoretischen Folgerungen dann sofort als thatsächliche Momente des älteren Gesellschaftszustandes anzunehmen geneigt sind.

Nur zum kleinsten Theil dagegen beruhen die Vorstellungen, welche von dem ältesten Leben der Markgenossenschaft gang und gäbe sind, auf dem festen Boden gleichzeitiger urkundlicher Nachrichten oder zwingender Schlüsse aus feststehenden Thatsachen; ja selbst was wir von dem socialen Zusammenhange der Bevölkerung und ihren Organisationsformen aus den Quellen erfahren, ist vielfach so unbestimmt und vieldeutig, dass wir auch auf echt historischem Boden nur mit grosser Vorsicht uns bewegen können.

Schon die Frage nach den Elementen dieser Genossenschaft gibt uns dess einen vollen Beweis. Man hat sich nunmehr, als Ergebniss der umfassendsten Studien und Forschungen, gewöhnt, in der Genossenschaft eine aus dem Geschlecht, der Sippe, herausgewachsene, sie aber überragende Gemeinschaft zu sehen *). So richtig auch damit der allmälige Entwickelungsgang der Genossenschaft gezeichnet sein mag, so ist es doch nicht unbedenklich, eine solche Ersetzung des Geschlechterverbandes durch den nachbarlichen und markgenossenschaftlichen Verband schon für die Zeit der Volksrechte, ja selbst noch für den Rest der merowingischen Periode anzunehmen. Zunächst muss daran erinnert werden, dass die familienhafte Structur der örtlichen Gemeinschaft, welche wir als Markgenossenschaft zu bezeichnen uns gewöhnt haben, lange Zeit hindurch sehr ausgeprägt hervortritt [1]). Im alamannischen Volksrechte sind die wenigen Stellen, welche mit der Markgenossenschaft in Verbindung gebracht werden können (c. 45, 57 und 87, LL. III, 60 f. 76) von Geschlechtsbesitz und Geschlechtsgemarkung zu verstehen [2]). Und zwar handelt es sich um feste territoriale Verbände, nicht bloss um irgend welchen Einzelbesitz einer Familie. Auch ist es ziemlich deutlich, dass als nächst höherer Verband nicht eine die genealogiae in sich begreifende Markgenossenschaft, sondern ein Gau oder eine Gerichtsgemeinde vorhanden ist; denn vor dem comes wird der Grenzstreit ausgefochten und die plebs, aus welcher der comes ist, erscheint

*) So besonders Waitz, Verfassungsgesch. I, 76 f. Gierke, Rechtsgeschichte der Genossenschaft I, 61 f.

als die höhere Volkseinheit, als ein Volksstamm, mindestens als eine Centene[3]). Eine gewisse Verwandtschaft zeigt hier auch die lex Salica tit. 60 (Behrend), wonach bei der Lossagung von der Familie der thunginus (= centenarius), nicht ein Dorfvorsteher oder eine Markgenossenschaft fungirt. Das Geschlecht scheint also auch hier die unter der Centene stehende sociale Ordnung zu sein. Vielleicht berührt diese Abstufung von Centgemeinde und Genealogie noch eine form. Alam. n. 26*), welche das cum suis coheredibus commune dem omnibus (der grossen Markgemeinde) commune entgegensetzt. In der lex Burgund. 54, 2, 3 und 107, 11 (LL. III 558, 577) sind es geradezu faramanni, Geschlechtsgenossen, welche Land begehren. Aber auch noch in späteren urkundlichen Nachrichten tritt die Bedeutung des Geschlechts als organisirendes Princip der Markgemeinschaft hervor. So z. B. in den Breves notitiae Salzburgenses (ed. Keinz) VII, 3: ripa quae vocatur Albina, hanc esse communem cum coheredibus; Herzog Theodebert schenkt die ganze genealogia hominum de Albina dem Stifte Salzburg; allerdings war das eine tributäre römische Familie**).

Ebenso deutet der Ausdruck contribules, der häufig statt vicini oder confinitimi für Markgenossen gebraucht wird, schon durch seine sprachliche Ableitung (aus derselben tribus) auf den familienhaften Heeresverband (s. u.). Er wird aber auch in einer Pariser Glosse des 9. Jahrhunderts geradezu erläutert: consanguinei, quasi ex eadem tribu, parentes (Merkel III, 76). Und ähnlich dürften urkundliche Ausdrücke zu verstehen sein, wie in Trad. Sangall. 809 I, 199: una silva et pratum carrad. 5, quod cum consortibus meis adhuc in commune visa sum possidere, wie dieser Ausdruck auch sonst häufig zur Bezeichnung der Verwandten gebraucht wird.

Auch der Ausdruck pares ist offenbar von Familienverbindung genommen in Trad. Sang. 797 I, nr. 144. Von ihren Functionen für die Gesammtheit sagt die lex Alam. 45 (LL. III, 60): et illi pares secuntur eum (den Flüchtling) usque infra in domum suam cum arma. Ja es scheint die Auffassung der Markgenossenschaft als Familienverbindung noch aus einer Urk. v. 1163 (Mittelrhein. Urk.-B. I, 700) anzuklingen: Addidit . . unum casale quod hovestat vocatur in eadem villa . . . . civilem iusticiam habentem, eamque sine prohibitione eidem hospitali (Laach) reddentem, inscisionem scilicet lignorum, quam holzmarchen vocant in silvis e o r u n d e m r u s t i c o r u m sicut quilibet eorum . . . unde sicut et ceteri coheredes eorum statutum tributum reddet custodibus silvarum. Auch

*) Wyss in den Mittheilungen der antiquarischen Gesellschaft in Zürich VII, 43.

**) Vgl. noch die Beispiele bei Merkel zur L. Bajuv. LL. III, 393.

ist es nicht unwichtig, darauf hinzuweisen, dass die Marklosung und ähnliche Nachbarrechte ihre Wurzel in der Erblosung haben [4]).

Erinnern wir uns nun zugleich, dass das Geschlecht auch die unterste Abtheilung der deutschen Heeresverfassung war (Pact. Alam. II, 48: in heris generationem), dass auch die Centene später als ein Glied der Territorialverfassung auftritt, während ihre ursprüngliche Bedeutung in der Heeresverfassung liegt, und vergessen wir nicht, wie lange auch noch nach der Besiedlung des Landes die kriegerischen Interessen des Volkes prävalirten, so wird es verständlich, dass innerhalb der Hundertschaft, als der untersten politischen Gliederung des Volkes, sich der längst vorhandene Geschlechtsverband zu einem eigenen Organismus von speciell socialer Bedeutung spontan entwickeln konnte. Ebenso begreiflich aber, dass die Lebensäusserungen dieser Gemeinschaft vornehmlich familienhafte sind; die Sicherstellung und Vertheidigung eines Familienbesitzes (Mark), die gemeinschaftliche Nutzung dessen, was der Einzelne nicht für sich gebrauchte, ein Vicinenerbrecht*) und die Zustimmung zu Veräusserungen und Statusveränderungen; nie aber politische Functionen, wie das wohl hätte der Fall sein müssen, wenn die Markgenossenschaft als eine, wenn auch die unterste Organisation des Volkes bestanden hätte.

Denn Alles, was wir von der Art sehen, gehört einer höhern Ordnung, der Cent oder dem Gaue an, z. B. die Rechtssprechung und Schlichtung von Streit, sowie die öffentliche Kundschaft im placitum. So im Ed. Chilper. c. 9, in der l. Alam. tit. 87, im Capit. Saxon. 797 c. 4. Nach der l. Baiuv. VII, 8 werden die Grenzstreitigkeiten vor dem comes oder conventus geschlichtet, beziehungsweise ausgekämpft (v. a. XVII, 6). Aehnlich l. Alam. 36, 2: in mallo ante iudicem respondeat vicino suo. Und in gleicher Weise sprechen die Urkunden; Tr. Sang. 762 (I, 36): illi pagesis cumiatum habeant illas res tollere et restituere ad ipsam casam Dei; dass unter den pagenses als Auskunftspersonen die Gaugenossen gemeint sind, ist besonders deutlich in Tr. Sang. 828 (I, 312), aber auch der pagus ib. I, 65 und der populus circumquaque congregatus II, 585 werden in derselben Weise zu verstehen sein.

So fungirt auch in Alemannien der hunno, in Baiern der judex als der Gerichtsbeamte, und nirgends weisen die Volksrechte dem Dorfvorstand oder dem Haupte der Markgenossenschaft öffentliche Functionen zu. Den tribunus oder Schultheiss aber werden wir nach Allem, was vorliegt, eher für einen Hilfsbeamten des hunno oder judex, als für einen Dorfvorsteher halten müssen [5]).

---

*) Vgl. die vielbesprochene Stelle aus dem Ed. Chilper. 561 (LL. II, 10) und dazu Gierke in Zeitschr. für Rechtsgeschichte XII, 3.

Dass die vicini Zeugschaft leisten, als Auskunfts- und Urkundspersonen fungiren, ist ebenso selbstverständlich, wie es anderseits in keiner Weise auf eine öffentliche Gewalt oder auch nur socialpolitische Wirksamkeit schliessen lässt, wenn solcher Zeugschaft gedacht ist, wie z. B. in l. Bajuv. XIV, 17 et aliquis de vicinis videat hoc*). Tr. Sang. 766 (I, 49) ante pagenses; ib. 788 (I, 117) ubi vicinos supra duxi. Aber auch die Stellen bei Meichelbeck I[b] 50, S. 57: adstantibus cunctis finitimis und 59, S. 61: vicini eius fideles simul cum illo firmaverunt sprechen nur von Auskunfts- und Urkundspersonen. Ebenso lässt l. Baj. XII, 3: vicinis presentibus restituat terminum die Nachbarn (man kann diess Wort auch strictissime nehmen) nur Zeugen sein.

Aehnlich auch im Urtheil von 806 Tr. Sang. I, 187: convocatis illa testimonia, qui de ipso pago erant . . Tunc predictus comes iussit, ut ipsa testimonia suprairent et ipsos terminos ostenderent, quod dicebant; quod ita et fecerunt et ipsos terminos firmaverunt, qui inter illa dua mansa cernebant.

Auch dass die Nachbarn nach l. Al. 45 in Unruhen eine gemeinschaftliche Hilfe gewähren und den Mörder gemeinschaftlich verfolgen, ist sicher nicht als Beweis einer politischen Organisation anzunehmen; in Chlodovechs Capit. l. Sal. add. (LL. II, 4) dagegen ist die gemeinsame Haftung mehrer in einer Grafschaft gelegener Nachbarschaften ausgesprochen; sie gehört daher wieder einem weitern Kreise an.

Am auffallendsten aber scheint für diese Auffassung der Markgenossenschaften der Umstand zu sprechen, dass bei den viel Tausenden von Schenkungs- und Traditionsurkunden, in welchen einzelne Theile einer Feldmark mit den Antheilen an der gemeinen Mark, ja selbst die eigene Person an Fremde (Klöster etc.) geschenkt werden, so äusserst selten einmal der vicini als Markgenossen überhaupt gedacht wird. Und selbst wo sie erwähnt werden, erscheinen sie eher als Auskunftspersonen und Zeugen, als zum Zwecke der Zustimmung. Eine Anfechtung solcher Schenkungen wird wohl von den heredes und coheredes, aber nie von den blossen Gutsnachbarn, am wenigsten von der Gesammtheit, der Markgenossenschaft, besorgt. Und doch sollte diese, wenn ihr überhaupt eine sociale Function zufiel, am ehesten berufen gewesen sein, einer beliebigen Veräusserung, Vertauschung, Theilung etc. der Güter, auf deren Ausmass und Vertheilung ja die ursprüngliche Gleichheit der Markgenossenschaft — ein Lebensprincip derselben — beruht hatte, zu steuern und wenigstens immer Cognition nehmen, wenn durch ein Rechtsgeschäft ein neuer Besitzer in den Markverband eintrat.

*) Auch Decr. Tassil. Niuh. c. 3. LL. III, 464. Beispiele von Formeln bei Waitz II, 312.

Abgesehen nun von der bekannten Stelle der lex Salica de migrantibus, welche nur im Interesse des allgemeinen Rechtsschutzes der Vicinen im Genuss der ihnen zustehenden Mark erlassen ist (s. u.), findet sich nur ein Beispiel, in welchem die Nachbarn als solche einer Veräusserung von Grundstücken und Antheilen an der Mark ausdrücklich zustimmen. Urk. 763 in Mon. Boic. IX, 7: per consensum illustrissimi Ducis Tassilonis et satrapum eius atque confinitimorum nostrorum conscientium. Aber die Stelle ist hierfür nicht voll beweisend, theils weil auch die Zustimmung des Herzogs und seiner Satrapen eingeholt, also jedenfalls nicht bloss markgenossenschaftliche Interessen berührt sind, theils weil die fragliche Schenkung über mehre Gaue sich erstreckt, die confinitimi also jedenfalls nicht Markgenossen in dem üblichen Sinne einer engen socialen Gemeinschaft sind [6]).

So ist es denn wohl gestattet, den Gedanken auszusprechen, dass die Familie, wie sie die Wurzel des markgenossenschaftlichen Verbandes war, so auch noch lange Zeit massgebend für die Ausgestaltung der markgenossenschaftlichen Verhältnisse blieb. In dem Familienverbande, der das Geschlecht zusammenhielt, liegt die Erklärung für die persönliche Einheit der Genossenschaft, wie für ihren Gesammtbesitz; sie war eine rechtliche wie ökonomische, eine sociale und religiöse Einheit, wie das immer von der Markgenossenschaft späterer Zeit ausgesagt wird.

Aber dieser Zusammenhalt der Geschlechtsgenossenschaft musste sich doch bald, wesentlich aus drei Ursachen, erheblich lockern. Einmal ging die Wirksamkeit der Familienbande verloren, sobald das Geschlecht sich namhaft vermehrte und die nur mehr entfernten Verwandten in einer Mark sassen. Dann aber verlor der Familienverband ganz seine Bedeutung für das genossenschaftliche Leben, wenn Familienglieder sich ausserhalb der Mark ansiedelten, neue Familien und Geschlechter gründeten; und endlich drang durch Kauf und Tausch oder auch durch originären Erwerb*) von Grund und Boden so viel fremdes Element in die Markgenossenschaft des Geschlechtes ein, dass auch dadurch die alte Grundlage der Genossenschaft nicht mehr erhalten bleiben konnte. Es ist dabei naheliegend, dass diese Umwandlung sich allmälig vollzog und dass die sociale Bedeutung der Markgenossenschaft in der gleichen Zeit eine sehr verschiedene war, ja wir haben nicht einmal Anhaltspunkte, welche uns zu der Annahme berechtigten, dass der eine Volksstamm vor dem andern durch die Ausbildung, welche er der Markgenossenschaft zu Theil werden liess, sich besonders

*) Vgl. z. B. Trad. Sang. 830 (I, 331) quas comparavit ad illos vicinos.

hervorgethan hätte. So sehen wir denn auch in der That seit der ältesten urkundlichen Zeit örtliche Gemeinschaften vorhanden, welche als blosse Familienverbände oder Geschlechter zu erklären jeder Anhalt fehlt [7]. Eine Gemeinschaft von Nachbarn ist es, welche überall, so weit wir sehen, ihren Zusammenhalt findet in den rein nachbarlichen Beziehungen, welche gewisse gemeinsame Interessen erzeugen, und in dem gemeinsamen Besitz von unbebautem Land, das sich zwischen den Sonderbesitzungen der Einzelnen in ziemlich unbestimmter Weise hinzieht und auf dessen Nutzung derjenige einen Anspruch hat, der in einer bestimmten Gemarkung über Grundbesitz verfügt.

Von einer persönlichen Verbindung der in einer Villa, durch eine gemeinsame Mark mit einander Verbundenen ist nirgends die Rede. Selbst die L. Sal. de migrantibus, welche überdiess in ihren Bestimmungen wegen Aufnahme von Ungenossen isolirt steht, kann hierfür nichts beweisen. Denn nicht von einem gemeinsamen Handeln derer qui in villa consistunt ist die Rede, sondern nur von einem Widerspruchsrecht der Einzelnen; dieses aber ist erklärlich genug aus der durch die beabsichtigte Niederlassung zu besorgenden Schmälerung des Marknutzens, dessen sich Jeder wenigstens für seinen Theil sollte erwehren können. Der Widersprechende handelt allein cum testibus: keine Ortsobrigkeit ruft er an zum Schutz gegen den Eindringling. Das placitum und conventum aber ist wie der mallus in der Centene zu sehen und zur Austreibung ist nicht irgendwelche Markobrigkeit, sondern der grafio nöthig [8]. Aber auch sonst ist von persönlicher Gemeinschaft, wie man sich dieselbe etwa als sociale Gleichwerthigkeit vorstellt, keine Rede. Ständische Unterschiede kommen überall zum Ausdruck. So in Chlodovechs Capit. ad l. Salic. (LL. II, 4) meliores — minoflidis vicini. Und dass selbst Könige und Herzoge Mitglieder solcher Markgemeinschaft sein konnten, wie z. B. König Karlmann nach einer Urkunde von 770 (Mittelrh. Urk.-Buch I, nr. 22) und Herzog Tassilo (nach Meichelbeck I[a], 49), spricht gleichfalls nicht für das Princip der socialen Gleichheit.

Ebensowenig aber finden wir eine Gleichheit der Güter und des Besitzes überhaupt bezeugt, wie diese für die ältere Markgenossenschaft ohne Weiteres angenommen zu werden pflegt. Die Stelle in l. Bajuv. XVII, 2, welche gewöhnlich für die Gleichheit angeführt wird, spricht eher dagegen, da es ausdrücklich hervorgehoben wird, dass der Zeuge nicht bloss commarcanus sein, sondern auch den Betrag der Composition (6 sol.) und similem agrum besitzen muss. Und auch die Urkunden lassen darüber keinen Zweifel, dass Ungleichheit der Güter und des Vermögens der Genossen schon sehr früh vorhanden war [9].

Die Gleichheit der Nutzung aber, der wir an manchen

Stellen begegnen, z. B. Urk. 890 Tr. Sang. II, 680: usum qualem unusquisque liber homo de sua proprietate . . debet habere, erklärt sich leicht, wenn wir berücksichtigen, dass eben auch die ständischen Unterschiede für das Mass der Nutzung entscheidend waren. So sendet nach der Urk. 863 in Cod. Lauresh. I, 33 der Freie 10, der servus 5 Schweine in den Gemeindewald, der freilich schon im grundherrlichen Verbande steht. — Die in Tr. Sang. 766 I, 49 betonte Gleichheit der Leistungen: quod paginsi nostri faciunt regi vel comiti, ita et nos betrifft Verhältnisse, die ausserhalb der Markgemeinschaft liegen und spricht sich über das Ausmass derselben nicht aus. Und wie hätte auch die Gleichheit des Besitzes bestehen sollen, da der Veräusserung und der Theilung kein Gesetz hindernd im Wege stand und auch beides, nach den Volksrechten und zahlreichen Urkunden, fortwährend vorkam? (L. Sal. 59. Al. 88.) Die einzigen Beschränkungen gingen aus der Familie hervor (L. Burg. I, 1. 2. L. Baj. I, 1). Bei Veräusserung aus echter Noth war nicht einmal Familienconsens nothwendig (L. Saxon. 15, 3), Schenkungen unter Lebenden aber werden ohne Beschränkung zugelassen (L. Al. 1. 2. L. Baj. I, 1. L. Angl. et Werin. 13).

Auch von allem Uebrigen, was man sonst über die persönliche Gemeinschaft auszusagen weiss, ist für diese Zeit kein Beweis zu erbringen; wohl aber liegt in dem gänzlichen Mangel solcher Lebensäusserungen an sich schon ein nicht unwichtiges Argument gegen eine übertriebene Vorstellung von der Bedeutung der Markgenossenschaft. Besonders ist es charakteristisch, dass wir nie etwas hören von einem Schutz der Genossen in ihrer socialen Stellung, eine Aufgabe, welche doch wie keine andre der Genossenschaft hätte zufallen müssen. Weder von einem Widerspruch, wenn sich Einer in fremde Botmässigkeit begab, seine Freiheit verlor etc., wird etwas laut, noch nehmen wir Bemühungen wahr, den Genossen vor Verarmung zu schützen, überhaupt nur eine gewisse Gleichheit des Besitzes, auf der doch die Markgenossenschaft aufgebaut sein soll, zu erhalten. Die Besitzer der einzelnen in der Gemarkung der Villa gelegenen Güter kommen und gehen, werden aus Freien Unfreie oder doch Minderfreie, verkaufen, vertauschen, verschenken ihr ganzes Erbgut oder doch einen Theil desselben, nebst ihrem Antheil an der Mark. So betrifft eine Schenkung von 815 in Cod. Lauresh. I, 106 silvae communionem (ist aber nicht auf Gemeinwald mehrer Villen zu beziehen). Und in Urk. 796 (Lacomblet, Urk.-B. für die Gesch. des Niederrhein I, 6) heisst es: communionemque in eandem silvam simili modo tradidi et piscationem. Auch bestimmte Ausnahmen kommen vor, wie Tr. Sang. 858 (II, 463) excepto . . . pascuam et ligna; hoc tantum non dederunt.

Es dringen aber auch neue Besitzer, oft sehr mächtige,

auf diesen Wegen in die Gemeinschaft ein, bauen das Gut selbst oder durch hörige Leute, denen sie auch die Ausübung der Markberechtigung überlassen, oder lassen das Gut wohl auch öde liegen, — und die Markgenossenschaft sieht gleichgültig all diesen Veränderungen zu, lässt die Gleichheit des Status und die Lose schwinden und eine neue, gänzlich verschiedene Eigenthumsvertheilung sich anbahnen: wahrlich, es ist nicht abzusehen, worin dann ihre grosse socialpolitische Stellung begründet war, die ihr so gerne besonders für diese Zeit zugewiesen wird.

Wenn sich darnach aber auch die Bedeutung der Markgenossenschaft als socialer Organismus ganz wesentlich vermindert, so bleibt doch von der geläufigen Vorstellung der alten Markgenossenschaft ihr Charakter als Wirthschaftsgemeinschaft und Gemeinwirthschaft übrig. Aber auch hier veranlassen uns die urkundlichen Nachrichten zu nicht unwesentlichen Einschränkungen. Sehen wir hier auch ganz ab von dem unbedeutenden Einfluss, den die Genossenschaft auf die Erhaltung der ökonomischen Gleichheit und auf die Gütervertheilung genommen hat, so musste sich ihre Wirksamkeit doch vornehmlich manifestiren durch den Ausbau des Landes, durch rationelle Benutzung der Gemeingründe, durch Herstellung genossenschaftlicher Institutionen für die Ausbildung der wirthschaftlichen Kräfte besonders zur Steigerung des Ertrags von Grund und Boden, überhaupt durch Gesammtleistungen, welche ebenso wohl den Gesammtbedürfnissen dieser Gemeinwirthschaft, wie den Interessen der Einzelwirthschaften dienstbar und förderlich zu werden geeignet waren.

Der Ausbau des Landes ist in der Zeit vom 6.—8. Jahrhundert allerdings recht bedeutend. Arnold *) nimmt für Hessen an, dass in dieser Zeit mindestens doppelt so viele Orte entstanden sind, als schon vor dieser Zeit bestanden hatten. Von diesen Orten tragen die ältesten immer Orientirungsnamen; erst später treten (und noch immer unbedeutend) auch Personennamen auf. Daraus scheint allerdings hervorzugehen, dass der älteste Ausbau im Stammlande durch die Genossenschaft (oder die einzelnen Genossen) erfolgte, und dass erst später der Adel und die Kirche (überhaupt der grosse Grundbesitz) seine colonisatorische Mission übernahm. Es ist aber schwer zu entscheiden, wie weit dabei eine eigentlich genossenschaftliche Leistung vorhanden war. Belege für die Anlegung neuer Dörfer durch die Genossenschaften fehlen gänzlich. Erst später lernen wir genossenschaftliche Anordnung der Colonisation von Markgründen in den Weisthümern kennen **). Da-

*) Ansiedlungen und Wanderungen deutscher Stämme. Zumeist nach hessischen Ortsnamen 1875, S. 432 u. 436.

**) Z. B. Landbuch von Uri 335 §§ 3. 12. 17. Tirol. Weisth. I, 63. II, 16.

gegen finden sich Beispiele von grössern Rodungen und Ansiedlungen durch Einzelne schon frühzeitig; von 15 Personen wird eine grosse Rodung gemacht, die im Jahre 801 an das Stift Fulda kam (Dronke, Cod. dipl. Fuld. nr. 165 und 471). Aber wenigstens die 2 Personen, welche coeperunt illam capturam inprimitus, waren servi des Stifts, occupirten also wohl gar in dessen Auftrag. — Urk. 819 (Ried Cod. dipl. Ratisbon. I, 20): Venerunt etiam et illi, qui iniuste eandam commarcam (des Bischofs) ultra quod debuerant, extirpaverunt contra legem. Es ist aber in beiden Fällen nicht deutlich, ob es freie Markgenossen waren, welche die Occupation vornahmen; wenigstens wird nicht der Genossenschaft als solcher gedacht, wie das in einer viel späteren Urkunde (v. 1145) geschieht, wo die freien und unfreien Leute von Kirch-Detmold ein Kloster stiften und mit einem Theil ihrer Allmende ausstatten (Arnold S. 551). Ein ähnliches Beispiel ist aus dem Elsass (1135), wo die Einwohner von 6 Dörfern sich vereinigen, um Theile ihrer Mark der Abtei Murbach zu überlassen (Alsat. dipl. I, p. 211). Die Bewohner von Dambach und Epfing verfügten 1125 und 1190 zu Gunsten des Klosters Baumgarten über ihre Allmende (Als. dipl. p. 202 u. 295); aber überhaupt sind die Markverhältnisse im 12. Jahrhundert schon ganz andre; so beklagt sich der Abt von Fulda über seine Leute: faciebant sibi novalia et villas in nemoribus et forestibus S. Bonifacii. (Gesta Marcuwardi bei Schannat hist. Fuld. Cod. prob. p. 188.)

Dass der Ausdruck collaboratus den Antheil an einer mit andern gemeinschaftlichen Rodung bezeichne, wie Landau (Territorien p. 159) meint, ist weder durch die von ihm citirten Stellen, noch sonst zu erweisen. Es ist mit elaboratus gleichbedeutend. Auch Rodungen, welche Einer cum amicis suis macht, dürfen nicht hierher bezogen werden; es handelt sich dabei vielmehr um grundherrschaftliche Verhältnisse (vgl. S. 50).

Jedenfalls aber legte die Genossenschaft den einzelnen Genossen keinerlei Hindernisse in den Weg, die Mark zu cultiviren. Ja wenn überhaupt die Genossenschaft ein volkswirthschaftlicher Gedanke beseelte, so musste sie die Rodung im Marklande mit allen Mitteln begünstigen.

Dafür wären nun allerdings auch die zahlreichen capturae, comprehensiones etc. der Urkunden und die Spuren der freien Rodung schon in der L. Bajuv. 17, 2 an sich schon ein vollgültiger Beweis*). Und es ist auch einmal ausdrücklich gesagt, dass ein Besitzer im Gemeindewald unbeschränktes Recht der Rodung habe; Tr. Sang. 854 (II, 426): Omnem utilitatem, id

*) S. auch im Allgem. Beseler, Der Neubruch nach dem älteren deutschen Recht in Symbolae Bethmanno-Hollwegio oblatae 1868.

est in pascuis, in aedificationibus, in lignis caedendis et in omnibus rebus, quibus homo in communi saltu uti potest, utendi potestatem habeamus. Et si quid in eodem saltu adhuc minime sit comprehensum, comprehendendi potestatem habeamus absque ullius infestatione.

Aber doch begegnen uns auch schon im 8. Jahrhundert Spuren einer Beschränkung der Markordnung auf den Bedarf des Märkers oder nach Massgabe seines Hufenbesitzes in der Mark. Die von Gierke I, 68 hier angezogene Urkunde in Tr. Sang. 779 (I, 85) ist allerdings nicht beweiskräftig, da hier über einen (eignen) Wald von einem Grundeigenthümer verfügt wird; aber auch abgesehen hiervon, heisst es doch deutlich: tantum exartent, quantum podent in eorum compendio et ad eorum opus quid ibi manunt: soviel sie zu ihrem Vortheil und Bedürfniss dort zu arbeiten vermögen; es wird ihnen also eine ziemlich unbeschränkte Rodungsfreiheit gewährt. Eher spricht schon die Urkunde bei Ried, Cod. dipl. Ratisb. 817 (I, 17) dafür, wenn es heisst: injuste eandem commarcam, ultra quod debuerunt, extirparverunt contra legem, wenn sich die Stelle nicht auf Capit. Baiovar. 803 (LL I, 127) c. 6 de rebus propresis bezieht und damit wieder grundherrlichen Besitz berührt. Vielleicht kann die Urk. 850 Tr. Fuld. n. 560: comprehensionem silvae, quam iniuste comprehendit hierher bezogen werden, obwohl auch hier von einer restitutio silvae an den Abt die Rede ist.

Wo solche Beschränkungen eintraten, da musste allerdings ein wirthschaftspolitischer, zum mindesten ein organisatorischer Gedanke die Genossenschaft leiten; sei es nun, um dem Aufkommen allzugrosser Besitzesunterschiede und einer die Freiheit der Genossenschaft gefährdenden Grundherrschaft zu wehren, oder um rechtliche Conflicte auf Markboden zu verhüten und Ordnung in die Benutzung des Gemeinguts zu bringen, oder endlich doch schon wegen der nahen Erschöpfbarkeit der Markgründe. Jedenfalls aber sind solche Erwägungen noch in sehr schwacher Weise aufgetreten und es bleibt das Wahrscheinlichste, dass für unsre Periode im Allgemeinen freie Rodung auf Markland jedem Hufenbesitzer als ein zu seiner Hufe gehöriges Recht am Territorium der Villa zustand und nach dieser sich bemass. Es stimmt diese Auffassung nicht nur am besten zu der späteren Ordnung dieser Verhältnisse, sondern findet einen wichtigen Anhaltspunkt auch in den Bestimmungen über die Nutzung der Markgründe mit Erhaltung ihres Hauptcharakters.

Diese scheint allerdings immer einer Beschränkung unterworfen gewesen zu sein, wie sie durch die Ausdehnung der Sonderwirthschaft der Genossen wie von selbst sich ergab. Zahlreich sind die Beispiele aus Urkunden, welche uns die Wechselbeziehungen zwischen Hufe und Marknutzung zeigen.

793 Lacombl. Urk.-B. IV, 758: in quo etiam termino (des geschenkten Erbtheils) dominationem tradidi eidem presbitero in silvam que per circuitum iacet, quantum pertinet ad unam hovam ad pascua animalium seu ad exstirpandum vel ad comprehendendum iuxta quod utile videtur eidem servo dei vel successoribus suis. 796 ib. I, 7: scara in silva iuxta formam hove plene. 855 Tr. Sang. II, 444: iuxta quantitatem hereditatis in villa pastum porcorum aliorumque pecorum seu incisionem ligni habeat. Und schon l. Burg. 67 bestimmte: quicunque agnum aut colonicas tenet, secundum terrarum modum vel possessionis suae ratam, sic silvam inter se dividendum (LL III, 561). Auch l. Rom. Burg. 17, 4, silvarum, montium et pascuorum unicuique pro rata suppetit esse communionem (LL. III, 607).

Am ausgedehntesten aber lässt sich das beweisen, wenn es gestattet ist, den unzählige Mal vorkommenden Ausdruck portio nicht bloss auf den Sonderbesitz, sondern allgemein zugleich auf die in Verbindung damit genannte Marknutzung zu beziehen, wie das oft auch ausdrücklich gesagt ist, so in Urk. 868 Tr. Sang. II, 531: de communi silva quantum ad portionem nostram pertinet. Dipl. Carol. M. in Cod. Lauresh. III, 237: portionem suam de silva inter ambas marcas. Ja es werden dann erst jene Stellen recht verständlich, in denen die Hufe oder der Mansus in unmittelbarer Beziehung zum Marknutzen genannt ist; so Urk. 833 in Seibertz (Urk.-Buch zur Landes- und Rechtsgeschichte von Westphalen) I, 3: mansos 2 cum terris cultis et incultis et silvis communibus ad eosdem mansos pertinentibus. Urk. 890 Tr. Sang. II, 680: de curtilibus talem usum habuimus, qualem unusquisque liber homo de sua proprietate debet habere in campis, pascuis, silvis, lignorum succisionibus atque porcorum pastu. Urk. 11. Jahrh. Meichelb. I^{b} n. 1193 predium cum privatis et communibus usibus.

Weniger deutlich schon ist es, wenn bloss gesagt wird, dass einem Markgenossen ein Marknutzen zustehe, wie jedem andern, z. B. in Urk. 861 Tr. Sang. II 483 sicut alii cives ligni et materiam cedendi potestatem habeam. Aber doch scheint auch hier mehr die verhältnissmässige Gleichheit nach Massgabe des Besitzstands als die persönliche Gleichheit der Berechtigung gemeint zu sein; und es ist offenbar eine Ausnahme, wenn das Kloster St. Gallen im Jahre 890 (Trad. Sang. II, 680) neben dem civilis usus nach Massgabe des Hufenbesitzes in einer Mark auch noch weitergehende Nutzungsrechte hat, die in dem persönlichen Bedürfnisse des auch ausserhalb der Mark begüterten Klosters begründet waren. Dagegen lässt sich eine besondere Beschränkung in Urk. 825 Meichelb. I, 257: pascua porcorum, quando illis opus fuerint, nicht erblicken. Im Einzelnen finden wir sogar das Mass der Berechtigung genauer angegeben; so nach Schweinen bemessen im Cod. Lauresh.

815 I, 105, 863 ib. I, 33; bei Lacombl. Urk.-B. 848 I, 64. u. a. Ja es kommen schon früh weitere Unterschiede der Waldnutzung bei sehr kleinem Besitze vor; so z. B. Urk. 905 Tr. Sang. II, 740: curtile unum duo jugera continens cum via, exitu et aditu, talique usu silvatico, ut qui illic sedent sterilia et iacentia ligna licenter colligant.

Es ist diese Normirung der Marknutzungen, wenn nicht schon mit der ursprünglichen Feldvertheilung gegeben, so doch jedenfalls in dem Augenblicke Bedürfniss geworden, als die mehr patriarchalische Familiengemeinschaft aufgehört hat und ein eigentlicher Nachbarverband an ihre Stelle getreten ist. Dabei ist es nahe gelegen, dass ein Bedürfniss dieser Art gleichzeitig mit dem Bedürfniss einer festeren Gemeindeordnung überhaupt entstand, dass es daher auch früher da seinen Ausdruck fand, wo die Besiedlungs- und Bewirthschaftungsverhältnisse weiter vorgeschritten und daher Reibungen zwischen den Berechtigten häufiger waren, als in jenen Marken, die bei geringer Bevölkerung in Wahrheit noch über ein unerschöpfliches Markland verfügten.

Diese Ordnung der Markbenutzung war aber doch auch nicht die einzige organisatorische That der Markgenossenschaft. Wir können dabei absehen von jenen polizeilichen Bestimmungen der Volksrechte, die zur Verhütung von Gefahren beim Holzfällen oder Niederbrennen, bei der Jagdausübung und ähnlichem gegeben waren, wie sie z. B. in der L. Saxon, 12 de damno casu illato vorkommen. Wohl mag in ihnen ein Ausdruck des gemeinsamen Gewohnheitsrechts der Genossenschaften erblickt werden; aber doch sind sie, wie sie sich darstellen, nicht unmittelbar als eine organisatorische Leistung der Genossenschaft aufzufassen. Und das um so weniger, als wir sonst keine Beschränkung der freien Jagdausübung oder der Waldnutzung kennen. Die L. Rip. 76 (78) handelt nur von gestohlnem Holze in einem gemeinen Walde. Im Allgemeinen ist gerade der Grundsatz der freien Jagd und Fischerei überall anerkannt, wie es beispielsweise in Urk. 951 Trad. Fuld. 688 heisst: forestam in qua prius erat communis omnium civium venatio.

Dagegen finden wir allerdings nicht unwesentliche Leistungen der Genossenschaft in Bezug auf die gemeinschaftliche Weide. Dass diese Weide nicht bloss auf dem eigentlichen Marklande, besonders auch im Walde stattfand, sondern auch auf den Privatäckern der Genossen, soweit und so lange sie nicht gehegt waren, scheint schon aus verschiedenen Stellen der Leges hervorzugehen. L. Sal. tit. 9 de damno in messe vel qualibet clausura inlatum. L. Rip. 82 (84) de damno in messe vel in clausura. L. Baj. X, 18 si autem signum, quem propter defensionem ponuntur, aut iniustum iter excludendi, vel pascendi campum defendendi vel applicandi secundum morem antiquum. Aber auch in einer urkundlichen Stelle Tr. Sang. 855 (II, 439) heisst es: ut pascua communia in agris habeamus. Es betrifft die Urkunde jedoch einen Besitzstreit zwischen St. Gallen und den coheredes Rihwini, welcher dadurch ausgeglichen wird, dass sie den streitigen locus theilen und nur pascua communia in agris behalten. Von einer Markgenossenschaft ist dabei keine Rede [10]).

Der leitende Gesichtspunkt hierbei war offenbar, dass alles Land, das keine Früchte trug, die durch Arbeit gewonnen werden mussten, dem gemeinen Nutzen offen sein sollte. Am deutlichsten ist das in l. Sal. IV, § 9 (Eccard) si quis . . in messem in prato, in vinia vel qualibet laborem pecora miserit; ähnlich wie auch die l. Rip. tit. 76 (78) in Bezug auf Waldnutzung bestimmt: si quis . . in silva communi seu regis vel alicuius locata meteriamen vel ligna fissa abstulerit . . . Sic de venationibus vel de piscationibus, quia non res possessa est sed de ligno agitur.

Um aber hinsichtlich der Weideflächen immer im Klaren zu sein, ist die Umzäunung oder wenigstens Bezeichnung (wiffa) der gehegten Grundstücke (Feld, Wiese, Wald) in den Volksrechten vielfach vorgeschrieben, wodurch dieses Land für immer oder theilweise als Culturland bezeichnet und damit von der gemeinschaftlichen Nutzung ausgeschlossen war. Sehr deutlich ist das aus dem Ed. Roth. 363 zu erkennen: Nulli sit licentia itinerantibus herbam negare, excepto prato intacto, tempore suo, aut messe. Post foenum autem, aut fruges collectas, tantum fruges vindicet is, cuius terra est, quantum cum clausura sua potest defendere. Auch l. Wisig. VIII. 5, 5: quia illis (consortibus) usum herbarum, quae conclusae non fuerant, constat esse communem.

Dass die Zaunerrichtung eine öffentliche (markgenossenschaftliche) Angelegenheit war, ist darnach allerdings anzunehmen, aber nicht im Sinne einer markgenossenschaftlichen Leistung zu verstehen; auch darf nicht aus l. Baj. XII, 3 die Intervention der Markgenossen bei jeder Zaunerrichtung herausgelesen werden; die Nachbarn (vicini) sind einfach Zeugen, dass ein zerstörter Zaun wieder in rechtmässiger Weise hergestellt wurde.

Mit dieser Zaunpflicht, die ähnlich wie die übrigen feld-, wald- und jagdpolizeilichen Bestimmungen der Leges auf allgemein verbreitetem Gewohnheitsrecht beruht haben wird, war aber auch so ziemlich alles gethan, was überhaupt die Markgenossenschaft zum Schutze des Betriebs und der Früchte der Wirthschaft ihren Genossen zu leisten sich verpflichtet hielt. Denn selbst die unerlaubte Beweidung von fremden Grundstücken während der Fructificationsperiode hatte nur Schadenersatz zur Folge; so in l. Alam. 76, 2, l. Baj. XIV, 17; sie war aber keineswegs unter öffentliche Aufsicht gestellt, wie die Zäune selbst; in einigen Gesetzen stand wenigstens dem Beschädigten ein Selbstpfändungsrecht zu Gebote, l. Sal. IX; in anderen war auch dieses Mittel nur durch den iudex zur Verfügung, so in l. Alam. 76, 101; l. Baj. XIII: pignorare nemini liceat, nisi per iussionem iudicis.

Dass diese Gemeinweide auch gemeinschaftlich benutzt wurde, geht aus manchen Anhaltspunkten der Volksrechte hervor. Wiederholt handeln sie von den Viehheerden, deren Hirten sie unter den besondern Schutz des Volksrechts stellen.

Jede Heerde hat ihr eignes Leitvieh, wie das l. Rip. 18, 1 ausdrückt: sonesti, i. e. 12 equas cum amissario . . . 12 vaccas cum tauro. Dabei muss nun allerdings bemerkt werden, dass die in l. Alam. 76, 77, 81 genannten legitima vaccaritia, legitimus pastor ovium gerade als Ausnahme hievon in Betracht kommen; wer mehr als 12 Kühe, 80 Schafe in seinem Besitz hatte, konnte sich legitime einen eignen Hirten und eine selbständige Heerde halten. Dafür zeugt auch, dass schon früh als Zugehör einzelner Sondergüter Heerden mit ihren Hirten genannt werden, z. B. schon im Testament des Grimmo 636 (Mittelrh. Urk.-B. I, 6) vervecibus vervicariis, porcos porcariis. Später Tr. Wizz. 774, n. 54: dono 12 vaccas et illo pastore . . . 15 equas cum pastore, 50 porcos cum pastore, 40 berbices cum pastore, wo also sogar nur die Hälfte der in der l. Alam. vorgeschriebenen Anzahl eine selbständige Heerde bildet. 778 (Mittelrh. Urk.-B. I, 32 und 787 ib. 34: greges cum pastoribus.

Aber l. Al. 76, c. 1, 101, c. 1 sowie l. Sal. III, 4 (Behrend) dürften doch von gemeinsamen Heerden der Genossen zu verstehen sein. Ja die l. Sal. III, 5 erwähnt sogar einen drei Villen gemeinsamen Stier (taurus ipse de tres villas communis vaccas tenuerit), was auf eine gemeinschaftliche Heerde und in Folge dessen auf eine Weidegemeinschaft der drei Dörfer schliessen lässt[11]). Ob freilich die Hirten einer solchen, wohl vorzugsweise für die kleinen Grundbesitzer gebildeten Heerde von Genossenschafts wegen aufgestellt waren, oder ob sich die Grundbesitzer zur Haltung eigner Hirten privatim verständigt haben, das lässt sich aus den Quellen nicht ermitteln. Bemerkenswerth ist aber immerhin Ed. Rothar. 136: Si quis porcarium aut caprarium seu armentarium occiderit . . . De illis vero pastoribus dicimus, qui ad liberos homines servierunt et de sala propria exeunt.

Auch von anderen gemeinschaftlichen Nutzungen ist vielfach die Rede. So spricht die l. Baj. X, 23 von einem gemeinsamen Brunnen. Auch die Quellen und Bäche wurden gemeinsam benützt, wie das l. Baj. X, 22 aussagt und auch die Urkunde Karlmanns 770 (Mittelrhein. Urk.-B. I, 27 s. o.) bezeugt. Die vielfach hier angezogene Stelle l. Alam. 86, 4 dagegen handelt nur von einer Gemeinsamkeit der Uferbesitzer. Und ebenso wird sich l. Alam. 86, 1: si quis mulinam aut qualemcunque clausuram in aqua facere voluerit, sic faciat, ut nemini noceat auf Privatgewässer beziehen und nur den möglichen Schaden der Grundstücksnachbarn im Auge haben. Wenigstens ist von einem Gemeinrecht am Wasser selbst keine Rede.

Die Wege, sowohl die viae publicae et regales, als auch die viae et semitae convicinales waren unter den Schutz des Volksrechts gestellt in l. Baj. X, 20, 21. Auch wird ihre Nutzung in den alten Pertinenzformeln immer unter den Genossenrechten an der Mark aufgeführt, und es ist in hohem Grade wahrscheinlich, dass sie durch gemeinschaftliche Leistung der Genossen hergestellt und unterhalten wurden, obwohl uns darüber keine Nachrichten erhalten sind [12]).

Besonders bemerkenswerth ist, dass die Mühlen und Schmieden in den Gemeinden als öffentliche Gebäude betrachtet wurden. L. Baj. IX, 2 (LL. III, 302) si quis in fabrica vel in mulino aliquid furaverit . . . quia istas domus casas publice sunt et semper patentes. Sie aber desswegen als Genossenschaftseinrichtungen anzusehen oder gar mit Gfrörer (Zur Geschichte der Volksrechte II, 140) einen genossenschaftlichen Betrieb durch Gemeindediener anzunehmen, scheint unzulässig. Denn in der l. Alam. 86 c. 1 heisst es: si quis mulinam aut qualemcunque clausuram in aqua facere voluerit; es ist hier offenbar von Privatmühlen die Rede. Auch werden in den breves notitiae Salzburgenses mehrfach von Einzelnen Mühlen geschenkt, z. B. VIII, 21, 23. Dass sie unter dem besondern Schutz des Volksrechts standen, ist hier ebensowenig beweisend, wie für die ecclesiae, die an derselben Stelle der l. Baj. genannt sind und doch auch notorisch häufig im Eigenthum einzelner Grundbesitzer waren.

So unbedeutend nun aber auch selbst auf dem rein wirthschaftlichen Gebiete die organisatorische Leistung der Markgenossenschaft, die gemeinwirthschaftliche Leistung selbst wie die positive Förderung der Sonderwirthschaften sein mag, so wäre es doch ungerechtfertigt, die Bedeutung der Markgenossenschaft in der ältesten Periode des Mittelalters zu unterschätzen. Schon die Thatsache allein, dass jede Ortschaft mit ihren einzelnen Ansiedlungen und deren Feldern, mit ihrer Gemarkung und deren nutzbaren Ländereien eine unbestrittene Einheit bildete, musste bindend und verbindend auf die Bevölkerung wirken.

Zwar von einer Feldgemeinschaft, wie sie etwa nach Caesar angenommen werden muss und nach Tacitus noch vielfach angenommen wird, ist schon in den Zeiten der Volksrechte sicherlich nicht mehr die Rede [13]).

Jeder Freie war Grundeigenthümer und an den Feldern,

theilweise wenigstens auch an den Wiesen und Wäldern, die zu seinem Hofe gehörten, hatte er ein unbestrittenes Eigenthum. Aber eine Reihe von Institutionen verbanden ihn trotzdem auch ökonomisch mit den übrigen, so dass eine gewisse Gemeinsamkeit der Interessen und damit des Handelns immerhin erzeugt werden musste. Wir rechnen hierher vor allem die gemeinschaftliche Feldweide nach der Hegezeit, die ohne gewisse allgemeine Anordnungen oder wenigstens eine allgemein anerkannte und von allen geübte Gewohnheit nicht wohl gedacht werden kann. Mag nun auch immerhin diese feldgemeinschaftliche Nutzung von Sondergrundstücken vorzugsweise nur für Genossenschaften mit dörflicher Ansiedlung Bedeutung gehabt haben, so bleibt sie bei der grossen Verbreitung des Dorfsystems auch schon in dieser Zeit nichts desto weniger ein sehr wichtiger Factor für eine ökonomische Interessengemeinschaft.

Freilich darf dabei nicht übersehen werden, dass die beiden Hauptmomente, welche den ökonomischen Werth dieser Nutzung zu steigern vermochten, der Ausbau der Mark und die Abschliessung grösserer Grundherren von der Gemeinschaft in dieser Zeit erst anfingen, wirksam zu werden. So lange noch die Mark der Genossenschaft mit ihren reichen und mannigfaltigen Nutzungen offen stand, brauchte auf die Brachweide ein solcher Werth nicht gelegt zu werden, dass es nicht jedem hätte verstattet sein können, sich beliebig derselben durch Umzäunung oder sonst zu verschliessen (ager, pratum et defensum); und die Häufigkeit der biunda, defensa etc. scheint dafür zu sprechen. Bei dörflicher Ansiedlung wenigstens hat sodann die mit ihr nothwendig gegebene Gemengelage der Felder eine Vereinbarung und Gemeinsamkeit in der Feldbestellung und Ernte unentbehrlich gemacht; ebenso ist die Ausbildung gewisser Nachbarrechte damit unvermeidlich geworden, deren Schutz und Aufrechterhaltung dann wieder ohne eine genossenschaftliche Leistung kaum gedacht werden kann. Der Mangel solcher feldgemeinschaftlicher Bestimmungen in den leges macht uns hier allerdings bedenklich; die L. Burg. 31 (LL. III, 546) kann nicht wohl hierher bezogen werden; denn theils sind hier die besondern Verhältnisse zwischen Burgundern und Römern berührt, theils handelt die Stelle nur von einer Benutzung eines campus als Weinberg, wodurch jede Nutzung des andern Berechtigten vollkommen ausgeschlossen wurde. Aber es darf nicht übersehen werden, dass sehr vieles, was zu einer Ordnung dieser Verhältnisse beizutragen geeignet war, nur eine locale Festsetzung zuliess, und dass in manchem andern, was allgemeines Bedürfniss bei Gemengelage der Felder war, die Ordnung des Ackerbaues sich wie von selbst machte und eine ausdrückliche Norm nicht als Bedürfniss erschien.

So lesen wir ja auch nichts von einer Ordnung des Gemeinnutzens am Marklande; und doch ist anzunehmen, dass die Genossenschaft, besonders bei der gemeinsamen Nutzung natürlicher Wiesen, sich über eine gewisse Regel verständigt habe. Die hiefür wichtige Stelle bei Meichelb. I, 2, 144, communionem in marchis foenum secandum etc., könnte wohl nur von Waldheu handeln; aber es ist uns sonst hinlänglich bezeugt, dass es seit Alters Wechselwiesen gab.

Sehen wir aber auch ab von dieser besondern Gemeinsamkeit ökonomischer Interessen, die mehr vermuthet als genau bewiesen werden kann und auch je nach der Ansiedlungsweise in sehr verschiedener Stärke und Intensität auftrat, so ist allein schon der Zusammenhang, welchen das nachbarliche Wohnen und Leben erzeugt, in Verbindung vielfach mit den Familientraditionen der alten Genossenschaft hinlänglich, um uns die Bedeutung der Genossenschaft nahe zu legen.

Schon die Allgemeinheit der Institution macht sie zu einem wichtigen Factor für das sociale Leben des deutschen Volkes.

Ueberall erscheint die Markgenossenschaft als die unterste Gliederung des Volkes, wenn auch nicht, wie vielfach angenommen wird, mit jener Intensität ihrer Wirksamkeit, wie sie uns später begegnet. Auch waren die Genossenschaften der ältesten Zeit vielfach sehr gross, wodurch ihre organisatorische Wirksamkeit, wenngleich sie intensiv wenig bedeutete, doch extensiv sehr wichtig genannt werden muss.

Für alle aber, die von einer Markgenossenschaft umschlossen wurden, war schon die Macht der Institution von grosser Wirkung. Jeder, mit allen seinen Interessen, war doch mehr oder weniger von der Genossenschaft berührt; das Markland war ihm unentbehrlich; und ebenso war es die genossenschaftliche Ordnung seiner Benutzung wie des feldwirthschaftlichen Betriebs, wenigstens bei einem einigermassen ausgebildeten Dorfsystem. In dem gesellschaftlichen Zusammenhalte, den die Nachbarschaft als solche gewährte, war das Mittel für Befriedigung einer Reihe von Bedürfnissen des persönlichen wie des wirthschaftlichen Lebens der Genossen gegeben, und es lag zu jeder Zeit nahe genug, durch Vereinigung Gesammtleistungen hervorzubringen, zu denen der Einzelne in seiner Isolirung nicht die Fähigkeit besessen hätte.

So waren die Keime zu einem festern Zusammenschluss, als er sich uns nach den Quellen für die ersten drei Jahrhunderte einer urkundlichen Zeit darstellt, allerdings „durch Sippe und Nachbarschaft“ (Grimm) gegeben; aber es war manch kräftiger Anstoss, manche Bedrohung, andrerseits auch manche Förderung der genossenschaftlichen Existenz von aussen nothwendig, um jenen socialen Körper daraus zu bilden, dessen Lebensäusserungen in späterer Zeit so wohlthuend und befriedigend anmuthen. Die in der Genossenschaft selbst gelegenen Organisationsmomente waren für sich nicht genügend, aus einer agrarischen Gemeinschaft einen politischen Körper zu machen. Die Familie, der sociale Unterbau der Markgenossenschaft, ist überhaupt nicht staatenbildend; auf ihr beruht die geordnete Fortpflanzung der Bevölkerung und die Befriedigung derjenigen Bedürfnisse, welche aus dem Gemüthsleben entspringen.

Schon für die Wirthschaft genügt die Familie nur in sehr geringem Grade; ihre ökonomische Organisation ist immer vorwiegend auf gemeinsamen Genussgebrauch gerichtet; so lange der Genussgebrauch der Natur einem geringen menschlichen Bedürfnisse genügte, mochte auch die Familie als Wirthschaftsorganisation genügen.

Die Freiheit gleichberechtigter Nachbarn sodann, welche die weitere Genossenschaft bilden sollten, brachte es höchstens zu einer Auseinandersetzung über die nebeneinander hergehenden socialen Existenzen. Denn die Freiheit ist wie die Sittlichkeit nur ein negatives Princip der gesellschaftlichen Ordnung, kann also nie ihr Ziel sein. Der gemeinsame Besitz- und gemeinsame Genussgebrauch dieses Besitzes erschöpfte sich fortwährend und war überdiess immer nur Gegenstand der Begehrlichkeit der Einzelnen, nicht für die Dauer ein bindender Kitt des gesellschaftlichen Lebens. So lange daher die Familienwirthschaft der Einzelnen und das genossenschaftliche Band der „Mark“ den Bedürfnissen noch annähernd entsprach, war auch von einer socialpolitischen Ordnung der Genossenschaft nichts zu erwarten. Zur Erhaltung, zur ruhigen, stetigen, aber allerdings an enge Grenzen gebundenen Entwickelung des Wirthschaftslebens war sie sehr geeignet. Aber sobald diese Grenze erreicht war und das Bedürfniss einer angewachsenen Bevölkerung und eines erweiterten Lebensgenusses nach weiteren Fortschritten verlangte, da erlahmte ihre Wirksamkeit und konnte erst durch das Erwachen neuer organisatorischer Kräfte zu neuem Leben erstehen.

Wie denn die Genossenschaft zu einem socialen Körper (Körperschaft) wurde, das ist nur im Zusammenhange der ganzen socialen Geschichte der folgenden Jahrhunderte zu zeigen.

Wie sie sich uns aber in den ersten drei bis vier Jahrhunderten (6—9. Jahrh.) darstellt, ist sie als Form der Gemeinschaft, wie der socialen Organisation sehr unbedeutend; nur so erklärt sich die leichte, ja nothwendige Ausbreitung der Grundherrschaft, von der alle Fortschritte der wirthschaftlichen Technik wie Organisation ausgegangen und die Markgenossenschaften auf das Feld der socialpolitischen Bildung hingedrängt worden sind.

II.

Statistisches über die Vertheilung des Grundbesitzes in Deutschland, besonders im 8. und 9. Jahrhundert.

Wie die deutschen Volksstämme bei der endgültigen Besiedlung der Gebiete, auf denen sie fortan ihr Leben entfalten sollten, Grund und Boden vertheilt haben, das enthüllen uns weder Urkunden noch sonstige gleichartige Denkmale; und auch aus dem, was uns später von der Bodenvertheilung bekannt wird, lässt sich kein erschöpfendes Bild jener älteren Zustände gewinnen. Aber dass die Vertheilung überall und namhaft ungleich war, kann nicht wohl mehr bezweifelt werden. Wie die Deutschen schon zu Tacitus' Zeiten secundum dignationem theilten, so haben sie sicherlich auch bei den späteren Landtheilungen den Unterschied der Macht und des Ansehens, des Geburtsadels und des Reichthums immer Rechnung getragen, welche schon vor den letzten Wanderungen bestanden und während derselben in verschiedenen Wandlungen immer wieder auftraten. Nur so erklärt es sich, dass schon in den ältesten Urkunden die portio und hereditas in loco, quam pater dereliquit mihi, womit die Erinnerung an die ursprüngliche Landvertheilung ausgedrückt zu werden pflegte, von so bedeutender Verschiedenheit ist, obgleich sicherlich das Mass des Grundbesitzes, das dem einfach freien Manne in der Gemarkung zugemessen wurde, ursprünglich, wenigstens vom Standpunkte seiner Bedürfnisse aus, überall das gleiche gewesen ist.

Die Thatsache nun, dass in den ersten Jahrhunderten nach der definitiven Besiedlung des deutschen Bodens in immer zunehmendem Masse eine namhafte Concentration des Bodeneigenthums erfolgte, und dass schon im 9. Jahrhundert die grosse Grundherrschaft als ein wesentlicher socialer Factor im Volksleben der Deutschen auftritt, kann als eine unbestrittene gelten. Bei allen Geschichtsschreibern begegnen wir im Grossen und Ganzen demselben Eindruck, den sie aus den gleichzeitigen Chroniken und Urkunden, aus der innern Geschichte der Volksrechte wie aus der Reichsgesetzgebung erhalten; aber es ist doch immer mehr nur ein allgemeiner Eindruck, kein aus den Quellen streng bewiesenes, mit überzeugenden inneren Gründen gestütztes historisches Factum. Es rechtfertigt sich daher immerhin noch der Versuch, einerseits einen exacten Beweis dieser Thatsachen mit quellenmässigen statistischen Daten zu geben, der bei aller Dürftigkeit des verfügbaren Materials doch vielleicht im Stande ist, uns über die vage Allgemeinheit der angenommenen Thatsache emporzuheben und uns den Charakter dieser Entwickelung, wie die örtlichen und zeitlichen

Unterschiede ihres Auftretens einigermassen erkennen zu lassen. Und andererseits wird es gerechtfertigt sein, den Ursachen nachzugehen, aus welchen diese Entwickelung gerade in dieser Zeit und in dieser Weise erfolgte, womit zugleich der Thatsache dieser Entwickelung der grossen Grundherrschaften eine ganz wesentliche beweiskräftige Stütze gegeben werden kann.

Vorab die Könige, Herzoge und Fürsten der einzelnen Stämme treten sofort bei Beginn der urkundlichen Zeit als grosse Grundbesitzer auf; ja sie unterscheiden sich von allen übrigen Klassen der Bevölkerung in so hervorragender Weise, dass eine blosse Bevorzugung bei der allgemeinen Landvertheilung zur Erklärung dieser Erscheinung gar nicht ausreicht. Vielmehr kann nur in einem ausschliesslichen Rechte des Oberhauptes auf ganze Gebietstheile (wüstes — herrenloses Land) und vielleicht auch auf die Güter einer vorgefundenen Bevölkerung, die mindestens dem Fürsten tributär wurde und nach Art des Obereigenthums ihm zur Verfügung stand, eine genügende Erklärung dieser Erscheinungen gefunden werden.

Zwar werden wir einen vollständigen statistischen Nachweis des königlichen Kron- und Hausguts der Karolinger oder des Herzogsguts in Alamannien, Baiern etc. zu liefern nicht im Stande sein. Aber immerhin sind der Thatsachen genug überliefert, um zu erkennen, dass ebensowohl die Herzoge in Baiern wie die Könige im ganzen Frankenreiche die grössten Grundbesitzer in dem von ihnen beherrschten Gebiete waren.

Vom Hause der Pippiniden wissen wir, dass es im salischen und ripuarischen Franken, besonders zwischen Maas, Mosel und Rhein reich begütert war*). Aber doch sicherlich erst mit der Erwerbung der königlichen Würde hat sich sein Besitz in anderen Gegenden Deutschlands eingestellt und so gemehrt, dass bis zum Schlusse der Karolingerperiode 176 grosse Kammergüter gezählt werden konnten. Von diesen entfallen 83 auf Franken, 5 sind im südlichen Lande der Friesen, 5 in Sachsen, 12 in Thüringen, 21 in Baiern und 50 in Alamannien [1]).

Es scheint diese Zahl aber noch viel zu niedrig gegriffen zu sein. Denn nach Chabert**) sind in Oesterreich allein bis 755 schon an ca. 150 Orten königliche Kammergüter nachzuweisen. In Württemberg zählt Stälin (Württ. Geschichte I, 344) Güter an 31 Orten zum königlichen Eigenthum der Karolinger; und am Mittelrhein (Urk.-B. II, p. XII) werden 15 Königspfalzen und Königshöfe erwähnt.

---

*) Vgl. Bonnell, die Anfänge des karolingischen Hauses. Waitz II, 257 ff.

**) Bruchstücke einer österreichischen Rechtsgeschichte in den Denkschriften der kaiserlichen Akademie der Wissenschaften III, S. 143 ff.

Von dem ausserordentlichen Bodenreichthum der bairischen Herzoge aus dem agilolfingischen Stamme gibt allein die Thatsache hinlänglich Zeugniss, dass dieselben im 8. Jahrhundert 5 Bisthümer und 35 Klöster und Abteien stifteten und, wie in vielen Fällen bekannt ist, mit reichem Grundbesitz ausgestattet haben. Auch war der Besitz beträchtlich, den sie durch Unterwerfung der zurückgebliebenen römischen Bevölkerung an und in den Alpen erworben, wie das aus dem Indiculus Arnonis und den Breves notitiae Salzburgenses zu ersehen ist. Auch mehrte sich das königliche Gut der Karolinger durch die Einziehung der herzoglichen Hausgüter um mindestens 18 beträchtliche Besitzungen [2]).

Aber auch im Uebrigen wissen wir von der Vertheilung des Grundbesitzes wenigstens im 8. Jahrhundert genug, um ein Bild dieser Zustände in der vorkarolingischen Zeit entwerfen zu können.

Baiern, in dieser Zeit von der Enns bis zum Lech, von Bozen bis zum Böhmerwald gerechnet, war bei einer im Ganzen dünnen Bevölkerung auch an sehr vielen Stellen gänzlich unbebaut und wohl auch unoccupirt [3]). In den reichlicher besiedelten Gegenden aber finden wir durchgängig eine bedeutende Vertheilung des Grundbesitzes; wenigstens tritt ein grosser Grundbesitz in den Händen Einzelner nur vereinzelt auf.

So erscheinen unter den ältesten Schenkungen an Freising zur Zeit des Herzogs Odilo (bei Meichelb. I[a]) 16 Grundbesitzer mit je 3.1 Mansus vertreten; die ältesten Schenkungen an Niederaltaich aus der Zeit Odilo's und Tassilo (Breviar. Urolfi in Monum. Boic. XI, 13) führen 52 Besitzer auf, welche an 21 Orten 197 Mansen oder Colonien schenken, so dass also auf einen Besitzer 3.8 Mansen im Durchschnitt treffen.

Nach den Breves notitiae Salzburgenses schenken zur Zeit Odilo's 12 nobiles viri 8 bona, 7 mansos, 1 vinea, 12 manentes, 1 casa cum curti, 4 colonias, 4 servos; rechnen wir die bona, die manentes und die coloniae gleich den Mansen, so treffen auf 14 Schenker durchschnittlich $3^1/_2$ Güter in der ungefähren Grösse eines Mansus [4]). Im Ganzen aber (die Zeit Tassilo's einbegriffen) zählen die Breves notitiae ausser den Herzogen 329 Schenker auf, welche zusammen 121 mansos, 263 bona, 17 colonias und über 80 servi schenken, so dass, wenn wir die obige Annahme festhalten, auf jeden Schenker eine durchschnittliche Schenkung von $1^1/_2$ Mansen entfällt, und mit Hinzurechnung der verschiedenen einzelnen silvae, prata, campi vineae, jugera und virgae gewiss nicht mehr als zwei Mansen angenommen werden können. Im Ganzen werden an Salzburg geschenkt: 1613 Mansen nebst 17 Herrenhöfen in denjenigen Villen, welche ganz geschenkt wurden. Von diesem Grundbesitz schenkten die Herzoge: 855 Mansen nebst 11 Herrenhöfen und manchen andern Gütern. Mit Erlaubniss der Herzoge schenken verschiedene 32 nobiles 162 Mansen theils vestiti, theils absi. Da wir diese Güter wohl als Beneficien ansehen dürfen, so betrug der ganze Antheil des Herzogsguts 1017 Mansen nebst 11 Herrenhöfen.

Da diese Beneficien aber doch Güter waren, welche der Beliehene selbständig bewirthschaftete, so müssen sie zu dem Grundbesitz derselben gleichfalls hinzugerechnet werden.

Als Eigengut schenken 132 nobiles 251 Güter. Rechnen wir dazu, was sie als Beneficium besessen haben, so entfällt auf 1 nobilis ein Gesammtbesitz von ca. $2^1/_2$ Mansen, den er an die Kirche von Salzburg schenkte.

Die 197 mediocres und minores schenkten zusammen 391 Güter, so dass auf einen Schenker zwei Mansen treffen.

Von den Barschalken speciell ist noch die Schenkung an 67 Kirchen mit zusammen 105 Mansen angeführt. Da aber ihre Zahl nicht angegeben ist, so können wir sie auch bei Berechnung der durchschnittlichen Grösse des Besitzthums nicht verwenden.

Die Besitzungen der nobiles scheinen darnach allerdings, durchschnittliche Gleichheit der Schenkungen im Verhältniss zum Besitzthum angenommen, etwas grösser zu sein als die der minores und mediocres. Es ist aber hier speciell zu bemerken, dass aus dem Documente nicht immer deutlich zu ersehen ist, ob etwa die im Indiculus vorgetragenen herzoglichen Beneficien mit den in den Breves notitiae verzeichneten Gütern identisch sind, so dass eher bei den nobiles zu viel gezählt wurde.

Eine specielle Vergleichung einzelner Fälle wenigstens ergibt, dass zwischen dem Besitz der nobiles und der mediocres kein erkennbarer Unterschied besteht. Bei einzelnen nobiles tritt allerdings grösserer Besitz auf. So hat Boso und sein Bruder Johannes 15 mans. benefic. cum appenditis an drei Orten und überdiess 15 mansus Eigenthum. Sigibertus schenkt 70 jurnales und prata ad 30 carrada. Lira schenkt 1 Mansus und 13 Mancipia in Laufen, Kazzilo 2 Mansen und 6 Mancipia. Eben so grosser Besitz tritt aber auch in Händen von minores auf: Pata schenkt 1 casa cum curte und 6 mans. an 2 Orten. Hiltigoz 27 prata, Gunthart 40 jugera, Pazzerich 30 jugera und 30 prata, Uto und Petto 70 jugera etc.

Nur einige besonders Vornehme sind in der Lage gewesen, grössere Schenkungen zu machen. So schenkt Graf Guntharius 2 ganze Villen mit je 7 Mansen und überdiess 13 tributarios mit ihren Gütern, die er als Beneficium hat. Tiza libera schenkt 7 mans. vestitos per licentiam Otilonis und 6 Mansen de proprietate, beide an einem Orte. Asfrit schenkt Besitzungen an 3 Orten. Grimbertus comes 4 mans. ex causa dominca.

Immerhin aber sind auch ihre Schenkungen so unbeträchtlich, dass das durchschnittliche Ergebniss dadurch nicht alterirt wird.

Dagegen hebt sich allerdings der herzogliche Grundbesitz scharf von allem übrigen ab. Nicht nur, dass er, die Beneficien als Eigenthum der Herzoge eingerechnet, nahezu $^2/_3$ aller gemachten Schenkungen beträgt; es ist auch die Gruppirung desselben für die Bedeutung der wirthschaftlichen Macht in's Auge zu fassen. Die zehn Villen, welche die Herzoge ganz schenken (eine Villa kaufte Rupert von Herzog Theodo um 1000 Sol.) haben 329 coloni, tributales, servi neben den Herrenhöfen. Es bilden also durchschnittlich gegen 33 Colonengüter eine Villa. Dagegen erscheint aller übrige Besitz der nobiles und minores wesentlich mehr zerstreut und die einzelnen Orte unter viele Besitzer vertheilt. So sind in Hohindorf 8 Güter und 9 Besitzer, in Hüningen 4 Güter und 8 Besitzer, in Eching 23 Güter und 10 Besitzer, in Hegilin 10 Güter und 10 Besitzer, in Buoren 7 Güter und 4 Besitzer, in Livering 17 Güter und 4 Besitzer etc. angeführt. In einigen Orten ist neben grossem herzoglichen Gute auch kleiner Privatgrundbesitz erkennbar; so in Pidinga 36 Güter, davon 31 herzogliche, in Livering 1 herzoglicher Herrenhof und 10 herzogliche Colonistenhufen, 3 herzogliche Beneficien und ausserdem noch 2 Besitzer.

Auch die geographische Lagerung der Besitzungen ist für die Beurtheilung der Vertheilung des Grundbesitzes wichtig. Von allen 244 Orten, an welchen Schenkungen gemacht werden, sind 125 im Salzburggaue gelegen; 39 gehören dem Isengau 20 dem Chiemgau, 16 dem Innthale, 12 dem Traungaue an, die übrigen 32 vertheilen sich also auf 9 andere Gaue.

Auch von dem benachbarten Oberösterreich ist das, freilich dürftige Bild annähernd dasselbe. Die ältesten Schenkungen an die Kirche von Monsee, im Urkundenbuche des Landes ob der Enns, Bd. I, welche ausdrücklich entweder die Anzahl der mansus jugera oder die Zahl der manentes, servi, homines aufführen, zeigen ungefähr das Verhältniss von 1 Besitzer auf $4^1/_2$ Mansen. Die ältesten Schenkungen an die Kirche in Passau weisen von 7 Schenkern ausser 1 Herrenhofe 42 mancipia an 7 Orten auf, so dass etwa 6 Mansen auf 1 Besitzer zu rechnen sind. Scheint hier ein durchschnittlich grösserer Besitz vorhanden zu sein, so muss doch dazu erinnert werden, dass unter den Schenkungen an Monsee 2 Grossgrundbesitzer vorkommen, welche das Resultat wesentlich ändern. Rechnen wir sie ab, so bleiben 14 Besitzer mit 41 Mansen, so dass auf jeden nahezu 3 Mansen entfallen. Ebenso ragt bei den Schenkungen an Passau ein Grundbesitzer über alle andern, so dass nach dessen Abzug 6 Besitzer zusammen 28, also jeder $4^2/_3$ Mansen hat. Immerhin haben wir auch hier den Fall, dass ganze Villen in einer Hand sind; ausser Herzog Odilo, der vier ganze Villen nebst einem grossen Forst an Monsee schenkt, besitzt auch Machelm (aus dem Agilolfinger Geschlecht?) eine Villa in Murolfingen, nebst manchem andern Besitz.

Aber es begegnen uns doch auch sonst grössere Besitzungen, wenn auch die Anzahl derer, die als wirkliche Grossgrundbesitzer bezeichnet werden können, sehr gering bleibt. Aus den Schenkungen, welche an Freising gemacht werden, tritt z. B. ein gewisser Timo (755) hervor, der auf seine Kosten eine Kirche baut und sie mit 19 mans. servil. et tribut. ausstattet. Sein Sohn schenkt einen arrondirten Bezirk mit Mühlen, cum servis und tributariis, der nach ungefährer Schätzung 64 jurn. Ackerland und 42 Fuhren Heu umfasst haben mag (Meichelb. I[a] 52, 54).

Einhand und Sigipaldus schenken an Niederaltaich an einem Orte 26 mans. mit Weinbergen sammt den Weinbauern; ausserdem $^2/_3$ der Villa Elirspach und den Ort Pholinchofe, während das letzte Dritttheil nebst 4 mans. und 3 jurn. Weingärten daselbst Paldo, ein naher Verwandter, schenkt. Im Ganzen sind es 54 Mansen in dieser Villa (Mon. Boic. XI, 14). Der Graf Engildio schenkt an Benediktbeuern 6 Villen, 40 und mehr Mansen mit Kirchen etc. (Mon. Boic. VII, 17).

Reginbert und seine Angehörigen schenken 763 an 11 Orten ziemliche Besitzungen, darunter die solitudo Scarantie und den pagus desertus Walhogoi (Mon. Boic. IX, 7).

Grossartige Schenkungen an Freising macht 793 auch der Graf Helmowin (Meich. I[b] 111) und an das Kloster Innichen ein gewisser Quarti, nationis Noricorum et Pregnariorum 827 (Fontes rer. Austr. Dipl. 31, S. 13).

Sie alle aber überragt Lantfried mit seinen Brüdern und Schwestern, die Stifter von Benediktbeuern und 6 andern Klöstern, die sie zusammen mit 6700 Mansen ausgestattet haben sollen (Mon. Boic. IX, 19 f.). Da die meisten der dabei genannten Orte im Huosigaue gelegen waren, hat man die Stifter der alten Adelsfamilie der Huosier vindiciren wollen, was auch vielleicht den grossen Reichthum erklären könnte. Aber freilich ist die ganze Nachricht nicht über allen Zweifel erhaben. — In späterer Zeit aber tritt das Haus der Welfen unter den grössten Grundbesitzern auch in Baiern hervor. So soll Heinrich (der Sohn Eticho's) vom Kaiser Arnulf 4000 Mansen (seines Eigenguts?) in superioribus partibus Baiovariae als Beneficium genommen haben*).

Häufiger begegnet uns grosser Besitz in den nördlich gelegenen Theilen Baierns. Im Jahre 740 schenkt Adalunc sein Erbgut in Rain bei Straubing, zu dem 7 ausgethane Mansen gehören (Ried, Cod. dipl. Ratisb. I, 2). 788 (ib. 5) schenkt

*) Hess, Mon. Guelf. 7 nach Stälin wirt. Gesch. I, 352.

Heriprecht an demselben Orte seine Güter mit 1 Kirche und 5 Mancipien nebst einem Waldantheil im Linhart. Opinus schenkt 787 (ib. 6) sein halbes Erbtheil auf einer Donauinsel mit 5 Mancipien. Posco schenkt 792 (ib. 9) sein Erbtheil an 4 Orten im Donaugau. Noch grössere Schenkungen kommen im 9. Jahrhundert vor. Die Tradition des Richpald 814 (ib. 18) betrifft an einem Orte 14, an einem andern 4 ausgethane Mansen. 821 (ib. 21) schenkte Sigfridus sein Erbtheil, das an 10 Orten 4 Kirchen, 6 Herrenhöfe, 27 dienende Mansen und ohne die Kinder 208 mancipia non casata umfasst. Ein Beneficium an demselben Orte umfasst nebst einer Kirche und einem Herrenhof 17 dienende Mansen mit 40 Mancipien und 22 Kindern.

Ein comes Wilhelm macht 833 und 834 (ib. 29) Schenkungen an 4 Orten. Auch müssen wir wohl annehmen, dass die fünf alten Adelsgeschlechter, welche die lex Bajuwariorum anführt, noch in der vorkarolingischen Periode wenigstens auch durch Grundbesitz hervorragten, obwohl uns darüber fast gar keine Nachrichten zu Gebote stehen[5]). Und es ist gewiss für Entwickelung der bairischen Grundbesitzverhältnisse bemerkenswerth, dass seit dem 10. Jahrhundert in den Traditionen von Freising (Meichelbeck) nur noch Schenkungen grosser Grundbesitzer vorkommen*).

Es ist hier aber auch noch einer besonderen Erscheinung zu gedenken, welche für die Vertheilung des Grundbesitzes in Baiern wichtig ist. Wir finden verhältnissmässig häufig grosse uncultivirte Strecken in Händen einzelner Grundbesitzer. Abgesehen von der herzoglichen Verfügung im Osten des Landes, an der Grenze der Avaren (Kremsmünster Urk. S. 2) in der Mark Cham (Ried I, 20), im Süden des Landes, besonders bei Salzburg über 3 miliaria de foreste (Brev. notit. S. 30) und bei Innichen (Mon. Boic. IX, 22) sind solche Beispiele in der Schenkung des Grafen Eckbert von 810 (Ried I, 15), die eine Gegend infra ipsum heremum im Gesammtumfang von 6 milliaria betrifft; die nobiles de Fagen besitzen im Jahre 750 amplissima tum prata tum pascua plene inculta (Meichel I[a] 49). 763 baut Reginbert in solitudine Scarantiense ein Kloster und schenkt den pagum desertum Walhogoi cum lacu subiacente et piscatione (Mon. Boic. IX, 7). In einer Schenkung an Benediktbeuern kommt ein Wald war, dessen Grenzen angegeben sind, der leicht 20 milliaria germanica umfasst hat (Meichelb., Chron. Benedictobur., S. 4).

Aus diesem häufigen Vorkommen solchen Besitzes lässt sich mit ziemlicher Sicherheit schliessen, dass der Grundbesitz

*) Vgl. Häberlin, systematische Bearbeitung der in Meichelbecks historia Frisingensis enthaltenen Urkundensammlung. Berlin, 1842. S. 32.

in Baiern nicht durchaus stark parcellirt war, dass einzelne Grundherren über weites Gebiet verfügten, dass aber die Bevölkerung nicht dicht und insbesondere die dienende Arbeitskraft nicht zahlreich genug war, um eine einigermassen genügende Bestellung grösserer Ländereien durchzuführen.

Den Reichthum der Kirchen in der vorkarolingischen Zeit möchten wir nicht allzuhoch anschlagen. Zwar von Tegernsee wird berichtet, dass es zur Karolingerzeit schon 11866 Mansen besessen habe[6]; davon dürften gewiss viele schon in früherer Zeit erworben worden sein.

Auch das Kloster Benediktbeuern soll schon von seinen Stiftern reich bedacht worden sein; von 6700 Mansen erhielt es jedenfalls den grössern Antheil als die übrigen 6 Klöster, welche diese Familie stiftete, nebst einem Wald, dessen Umfang auf 20 deutsche Meilen berechnet wurde*). Dagegen besass das Bisthum Augsburg zur Zeit Karls des Grossen doch nur 1507 Mansen und zwar 1427 vestiti und 80 absi**), wäre demnach weit hinter Tegernsee zurückgestanden und Benedictbeuern kaum gleich gekommen, abgesehen davon, dass dieses mit den übrigen Klöstern der gleichen Stifter sozusagen einen Vermögenscomplex darstellt.

Auch das Bisthum Salzburg hat nach Arno's Aufschreibungen zur Zeit Karls des Grossen bloss etwas über 1600 Mansen geschenkt bekommen und sonst erworben; und hievon stammt weitaus der grösste Theil erst aus der Zeit Tassilo II.

Die Schenkungen an das Kloster Niederaltaich unter Herzog Odilo beliefen sich nach dem Brev. Urolfi auf 341 mansos und colonias, und es dürfte darin so ziemlich der ganze Besitz dieses Klosters bestanden haben. Tassilo II. vermehrte den Besitz wesentlich, so dass er als zweiter Stifter angesehen wurde.

Das Klosser Wessobrunn bezog von 23 Orten Zinsen und scheint ausser der Villa Rispach, die Tassilo II. schenkte, wenig besessen zu haben (Mon. Boic. VII, 337 ff.).

Das Bisthum Passau erwarb sich unter Karl dem Grossen bedeutenden Besitz nach einer Urkunde Ludwigs des Frommen von 823***).

Von den 8 bischöflichen Kirchen, welche sich um 788 in Baiern befanden, dürften nur Augsburg und Salzburg, von den 25 ältesten Klöstern nur Tegernsee und Benedictbeuern bereits zu grossem Besitze gelangt sein. Im 9. und 10. Jahrhundert dagegen erlangten sie fast alle, besonders auch durch kaiserliche Vergabungen, reiches Grundvermögen, von dem sie freilich durch die Secularisationen Herzog Arnulfs wieder gar manches verloren haben.

---

*) Meichelb. Chronic. Benedicto-Buranum p. 4.

**) Nach dem Breviarium rerum fiscal. LL. I, 177.

***) Buchinger Gesch. von Passau I, 86—88, II, 485 f.

Ueberblicken wir diese fragmentarischen Notizen und fassen dazu die allerdings nicht in Zahlen darstellbare Geschichte der Gutserwerbungen in's Auge, wie sie aus den Traditionsurkunden der karolingischen Zeit hervortritt, so ist der Gesammteindruck — und nur von einem solchen ist zu sprechen — der, dass in Baiern die Bevölkerung sehr ungleich vertheilt und damit auch die Vertheilung des Grundbesitzes eine sehr verschiedene war. In den südlichen Theilen, besonders am Fusse der Alpen und theilweise auch im Gebirge mag der Grundbesitz ziemlich zersplittert gewesen und neben einigen grössern Grundherrn eine grosse Menge von kleinen Eigenthümern vorhanden gewesen sein, bis die Expansionsbestrebungen der grossen Grundherrn, vorab der Kirchen und Klöster unter diesen aufräumte. In den nördlichern Theilen aber war von Anfang an grosser Besitz in einer Hand häufiger, wenn es auch zum guten Theil nur Wald und unbebaute Gebiete waren, über welche sich die Grundherrschaften verbreiteten. Aber doch war damit eine weitere und raschere Entfaltung des grundherrschaftlichen Verbands vorbereitet, welche sofort eintreten konnte, wenn eine grössere Verfügung über dienende Arbeitskraft zu erlangen war.

Von dem Besitz der Alamannenherzoge ist nichts zu ermitteln; dass sie bedeutende Güter besassen, lässt sich vielleicht aus späterem fränkischen Königsgut in Alamannien schliessen, das bei der Unterwerfung der Herzoge eingezogen worden sein mag*).

In dem Alamannenlande, dessen Grenzen von den rhätischen Alpen bis an den Lech, nördlich über die Donau bis zum Welzheimer Walde, westlich bis an die Vogesen reichten, begegnen wir in vorkarolingischer Zeit schon wesentlich andern Verhältnissen als in Baiern.

Die ersten 50 Schenkungsurkunden der Abtei St. Gallen, welche bis zum Jahre 768 reichen, weisen 55 Besitzer auf, welche an 113 Orten 239 Güter schenken, so dass auf 1 Besitzer etwas mehr als 4 Güter treffen, von denen je 2 an einem Orte liegen. Das trifft im Ganzen mit den analogen bairischen Verhältnissen zusammen, wenigstens wenn wir im Allgemeinen ein geschenktes Gut einem Mansus gleichstellen. Und es würde uns diess in ähnlicher Weise berechtigen, anzunehmen, dass der Grundbesitz stark vertheilt und auch örtlich sehr zerstreut gelegen sei.

Auch im Einzelnen ist kleiner Grundbesitz in Alamannien keineswegs eine Seltenheit. 774 nennt Gauzoin seinen ganzen Besitz parvola terrola und schenkt ihn gegen lebenslänglichen Unterhalt an St. Gallen (Tr. S. I, 9). Aehnlich 774 (ib. 72)

---

*) Vgl. Stälin, Wirtembergische Geschichte I, S. 170 f.

Habraam. In allen Fällen, wo das ganze Besitzthum übertragen wird, ist dasselbe klein, so 758 (Tr. S. I, 22), 762 (ib. I, 33). Auch noch 802, obwohl hier Besitz an 2 Orten (ib. I, 108), 805 der ganze Besitz von 3 Brüdern (I, 183). Auch die 21 Freien im Breisgau, welche Pipin mit ihrem Zins an St. Gallen zuwies (ib. 312), zeugen dafür, dass der Grundbesitz damals erst anfing, stark concentrirt zu werden. Und auch jene 47 Mansen, deren Zinsen Kaiser Ludwig im Jahre 817 an St. Gallen übertrug (ib. 226), während sie bisher ein Einkommen der Grafen bildeten, werden hier angezogen werden können. Denn sie scheinen doch ursprünglich wenigstens im Eigenthum der Zinsleute gestanden und erst später, mit Verfall der gemeinen Freiheit, zinsbar geworden zu sein. Diese Mansen aber gehörten 48 Besitzern und waren an 26 Orten gelegen, so dass nahezu auf jeden Mansus ein Besitzer traf, und je zwei in einem Orte lagen.

Und vielleicht darf auch daran erinnert werden, dass bei dem Zusammenhange, der im Allgemeinen zwischen Wergeld und Grundbesitz bestand, das im Vergleich zu andern Volksrechten geringe Wergeld der edlen Alamannen auf durchgängig kleinen Grundbesitz derselben zurückgeführt werden kann. (Stälin I, 201.)

Aber es stellen sich dem doch auch andere Erscheinungen in nicht unbeträchtlicher Anzahl entgegen, welche die Erhaltung eines annähernd gleichen, kleinen Grundbesitzes der Freien schon in sehr früher Zeit bezweifeln lassen. So erheben sich schon manche Freie durch die Schenkungen, welche sie machen, über das normale Mass eines Hufenbesitzers ganz beträchtlich empor. Aloin schenkt (720—737) in 2 Villen 8 Huben (ib. 4). Scalcomann schenkt 769 sein väterliches Alod an 7 Orten (seinen ganzen Besitz?) (ib. 52), Blitgaer schenkt „aliquid de rem mea" in 12 Orten 774 (ib. 71).

Besonders grosser Besitz tritt freilich auch in Alamannien aus diesen Schenkungen nur in wenig Fällen deutlich hervor. Lantbert schenkt 745 (ib. 12) für lebenslänglichen Unterhalt im Kloster St. Gallen seinen ganzen Besitz (Erbgut und Erworbenes) in 13 Orten. Seine Mutter hatte aber schon 741 (ib. 7) all ihren Besitz (peculia) in 10 Orten geschenkt, wobei 8 homines, 2 casati, 3 mancipia, 4 parones bei einzelnen Gütern besonders genannt, im Ganzen aber 54 homines aufgezählt werden. Und 744 (ib. 10) verkauft sie Besitzungen in 10 Orten (von denen 8 auch bei der obigen Schenkung vorkommen) um 70 sol. aur. et arg. und 5 caballos cum saumas et rufias et filtros cum stradura sua zu einer Reise nach Rom. Für den Fall ihrer Rückkehr sollten ihr diese Güter auf Lebenszeit geliehen sein. Graf Peratold hat dem Kloster St. Gallen 793 (ib. 135) seinen Besitz an 25 Orten nebst einem Wald übertragen und erhält sie als Precarie wieder gegen Entrichtung eines Jahreszinses von 3 maldra de pane, 3 friskingas und 4 carrada de cerevisia, 1 carr. de vino. Wenn er sie zurückkaufen will, soll es um 80 sol. geschehen. Wenn er einen Sohn hinterlässt, soll die Witwe die Güter mit 2 Wergeldern zurückkaufen können. Derselbe Graf kommt aber auch sonst noch als Grundbesitzer vor, so 802 (ib. 170) an 2 Orten; 803 (ib. 176) an 3 Orten. 805 (ib. 186) schenken sodann seine zwei Söhne ihren Besitz an 19 Orten und was sie sonst noch im Gau Folcholtsbaar besitzen, erhalten es sub usu fructuario zurück und geben jährlich an Zins jeder 2 solid. Wenn ein Bruder den andern überlebt, kann er dessen Antheil mit 400 solid. zurückkaufen. So sind es also doch nur zwei Familien, des Lantbert und Pertold, die schon im 8. Jahrhundert und am Anfange des 9. Jahrhunderts mit grossem Besitz in den St. Gallener Urkunden auftreten. Dagegen mehren sich die Beispiele, sobald wir einen weiteren Blick auf die Urkunden des 9. Jahrhunderts werfen. 806 (ib. 190) erscheint Isanbard als Grundbesitzer an 6 Orten; 815 (ib. 215) Hadupert an 6 Orten; Graf Chadaloh 817 (ib. 228) an 15 Orten; Immo 827 und 830 (ib. 307, 333) an 13 Orten; Wolvini 838 (ib. 375) an 7 Orten; Adalhart 843 (ib. II, 386) an 8 Orten; der Levite Adalhelm 865 (ib. II, 511) an 8 Orten; dazu besitzt er Klosterlehen an 11 Orten.

Nach den ältesten Traditionen des Klosters Weissenburg im Elsass von 693—752 wurden im Ganzen von 70 Besitzern an 158 Orten Güter übertragen, deren Umfang allerdings in der Regel nicht angegeben ist; wir können aber auch hier wohl annehmen, dass es sich durchschnittlich nur um einzelne Hufen gehandelt habe; jedoch kommen vereinzelt schon Schenkungen ganzer Villen vor; so 699 und 713 (nr. 205 und 247) im Saargau, 739 und 742 (nr. 11, 14, 17, 52) im Elsass. Auch die Anzahl der im Ganzen genannten Mancipien (105) bestärkt uns in dieser Annahme. Dagegen ist hier grosser Besitz schon frühzeitig viel häufiger, als im Schwabenlande rechts des Rhein. So finden wir im Elsass schon im Jahre 739 zwei Schenkungen, die sich auf 4 und 9 ganze Villen beziehen (nr. 14, 17). 742 (nr. 1, 52) werden an 6 und an 27 Orten Güter erwähnt. Im Jahre 774 begegnen wir einer Schenkung von Gütern an 18 Orten (nr. 63), an 6 Orten mit 20 mancipia (nr. 61), an 22 Orten mit 96 mancipia (nr. 53). Auch im Jahre 784 an 22 Orten (nr. 60), 787 an 8 Orten (nr. 62) und von einem Grundherrn werden in drei verschiedenen Jahren 774—788 (nr. 71—73) Güter an 13 Orten mit 75 Mancipien geschenkt. 791 (nr. 128) findet sich eine Schenkung an 23 Orten u. s. f. Auch Waitz hat schon bemerkt, dass Verfügungen über ganze Villen in den fränkischen Urkunden häufig sind, und auch in den Traditionen von Weissenburg, wegen der Einwirkung römisch-gallischer Verhältnisse, ziemlich häufig, seltner in den Urkunden von St. Gallen vorkommen.

Dass aber überhaupt grössere Wohlhabenheit der Freien in Alamannien nicht eben selten war, scheint auch daraus hervorzugehen, dass die lex Alam. (81, 3—6, L. Lantfr. 73. L. Al. Karol. 79, c. 3—6) wiederholt von den höheren und niedern Hausdienern spricht, und von dem dominus, qui 12 vassos infra domum habet.

Im Allgemeinen haben wir von dem vergleichenden Studium der baierischen und der alamannischen Traditionsurkunden, die uns hier fast ausschliesslich als Quellen dienen müssen, den Eindruck empfangen, dass in Baiern, soweit es sich um Culturland handelt, Grundbesitz unter den Freien gleichmässiger vertheilt und durchgängig klein war; dass wenige, aber reich begüterte Familien, vielleicht mit den 5 Adelsgeschlechtern im Zusammenhang sich weit über die Masse der Grundbesitzer erhoben; dass aber doch in den dünn bevölkerten Gegenden grösserer Besitz mit sehr extensiver Bewirthschaftung häufiger vorkommt; während in Alamannien die Verschiedenheit des Grundbesitzes im Ganzen grösser war, viele Familien sich über das Mass des gewöhnlichen Besitzes erhoben, vielfach auch bereits ein unter das Mass der vollen Hufe sinkender Grundbesitz vorkommt; dagegen hier keine so besonders reiche Familien bestanden; wie ja auch der Reichthum der baierischen Herzoge unvergleichlich viel grösser war, als der der alamannischen, die es nie zu dieser Einheit und Ueberlegenheit der Herrschergewalt gebracht haben.

Freilich haben wir von dem Besitz der alamannischen Herzoge sehr wenig Nachrichten, die noch überdiess sehr dürftig sind. Aber es kann doch, bei der ganzen damaligen Zeitrichtung, angenommen werden, dass ein sehr hervorragender Besitz auch in dieser oder jener Weise zum Ausdruck gekommen wäre, wie das mit dem herzoglichen Gut in Baiern in so auffälliger Weise der Fall ist. Und auch der Umstand, dass die Rolle der alamannischen Herzoge eine vergleichsweise unbedeutende war, ja sogar die herrschende Linie sich weder im Gesammtbesitz des Landes, noch überhaupt in der Erbfolge, wie es scheint, behaupten konnte, findet durch diese Erwägung eine Erklärung.

Besondere Aufmerksamkeit nimmt aber auch hier der kirchliche Besitz in Anspruch. Das Hochstift Constanz, das in der letzten Hälfte des 6. Jahrhunderts die Rolle des alten Bischofssitzes zu Vindonissa einnahm, wird schon bei seiner grossen Ausdehnung (siehe Stälin I, 188) als sehr vermögend angenommen werden können, wenn sich auch keine genügenden Nachrichten über seinen Besitz aus dieser Zeit erhalten haben. Und Gleiches gilt von dem andern Bisthume Alamanniens, von Strassburg. (Von Augsburg s. o.)

Auch die Klöster fingen schon in der Merowinger Zeit an eine Rolle als Grundbesitzer zu spielen. Seckingen, St. Trudpert im Breisgau, Schuttern und Ettenheimmünster, Reichenau, Murbach, Weissenburg, Maursmünster, Schwarzach, Gegenbach, Hornbach u. a., vorab aber St. Gallens berühmtes Kloster wurden in dieser Periode gegründet.

Lässt sich nun auch unbedingt annehmen, dass mit jeder Klosterstiftung sofort auch ein über das normale Mass des Einzelgrundbesitzes weit hinausgehender Besitz der todten Hand erworben wurde, so scheint doch ein eigentlicher Grossgrundbesitz in dieser Periode nur von St. Gallen, Murbach, Weissenburg, Maursmünster und Reichenau erworben worden zu sein.

Von den 4000 eignen und Zinshuben (v. Arx), welche St. Gallen zur Karolingerzeit in der Schweiz und in Schwaben besessen hat (ein namentliches Verzeichniss führt auch 1723 Zinspflichtige an)*), stammen nach den Schenkungsurkunden etwa dritthalbhundert Güter von etwas über hundert Orten aus der Zeit vor Karl dem Grossen, und Arx rechnet mehrere Hundert Leibeigene aus dieser Zeit, so dass daraus schon zur Genüge ersichtlich ist, wie tief eingreifend die Verhältnisse des Stifts auf das wirthschaftliche Leben eines weiten Gebietes werden mussten. Es ist daraus aber auch ersichtlich, in welch grossartigen Dimensionen der Besitz von St. Gallen in der Karolingerzeit gemehrt wurde [7]). Einen Anhaltspunkt dafür geben auch die Traditionsurkunden, welche, bis zum Jahre 768 50 an der Zahl, sich von da bis zum Ende des 8. Jahrhunderts auf 110, im 9. Jahrhundert auf ca. 550 belaufen. Im heutigen Königreich Württemberg erwarb das Stift vor Karl dem Grossen Güter nur in 6—8 Orten, während es am Ende des 8. Jahrhunderts schon an 76 Orten nachgewiesenen Besitz hatte.

Auch Reichenau hatte sich schon durch seinen Stifter Karl Martell eines stattlichen Besitzes von 6 Villen und 24 hörigen Familien im Thurgau zu erfreuen**) und von seinen reichen Einkünften gibt die Urk. 843 (Wirt. Urk.-B. I, nr. 108) Zeugniss, in welcher der Abt Walfred in Gemeinschaft mit den Klosterältesten bestimmt, welche Einkünfte ihr Keller zur Bestreitung des klösterlichen Haushalts jährlich zu beziehen und was er dafür zu leisten habe. Karl der Grosse schenkte dem Stifte 7 Villen, ein Graf oder Herzog Gerold aber 25 Villen. In Württemberg allein zählt Stälin (I, 383) Besitzungen an 19 Orten auf.

Den reichen Besitz des Klosters Weissenburg im Elsass und Sargau lernen wir aus den Traditiones Wizzenburgenses

---

*) Cod. Trad. S. Galli S. 521. Arx, Geschichte des Kantons St. Gallen S. 159.

**) Rotulus San Petrinus 1203. Leichtlen Zähringer S. 60 und 93.

kennen. Es sind darin 5 Erwerbungen von Gütern aus dem 7. Jahrhundert, 72 aus der ersten, 118 aus der zweiten Hälfte des 8. Jahrhunderts, 56 aus dem 9. Jahrhundert enthalten, welche sich auf mehr als 300 Orte beziehen. Aber schon im Jahre 991 wurden dem Stifte beneficia militum eiusdem loci fratrumque deputata an 68 Orten entzogen. (Tr. Wizz. S. 305.)

Die Verhältnisse in Ostfranken haben mit denen Alamanniens viele Aehnlichkeit. Bei weitem die grössten Grundbesitzer sind hier offenbar schon seit lange die fränkischen Könige gewesen, wenn es auch nicht möglich ist, die Ausdehnung des Königsguts vollständig und genau zu bestimmen. Daneben ist weltlicher Grundbesitz von beträchtlicher Grösse aus den Traditionen von Lorsch und Fulda zu erkennen. Wir erwähnen u. a. die Schenkung des Cancor von Birstatt 770 (C. Laur. I, 10), des Wigbert 770 (ib. I, 11) an 5 Orten mit 7 Manicipien; die Schenkung Abba's an 16 Orten 786 (ib. I, 12); der Hiltisnot 787 (ib. I, 13), welche 30 Hufen und 55 Mancipien überträgt und zu Ususfructus zurückerhält; die Schenkung des Grafen Raffold 790 (ib. I, 14) in 2 Gauen mit 64 Mancipien und des Eberwin und Chinold 791 (II, 2257), welche an 12 Orten nebst einigen andern Gütern 4 Selhuben, ca. 26 Mansen und Zinshuben, und 89 Mancipien umfasst; die Schenkung der Hilteburg 793 (III, 3522) an 10 Orten, darunter eine ganze Villa, mit 120 Mancipien; des Adelod 818 (III, 3504) an 7 Orten mit 93 Mancipien. Aus späterer Zeit mehren sich auch hier die Beispiele des Grossgrundbesitzes. Hierher zählt die Schenkung Einhard's 819 (I, 21), des Werinher 846 (I, 27), des Ansfried 863 (I, 33), des Liutharius 877 (I, 40) und viele andere.

Die Fuldaer Traditionen enthalten Beispiele, wo ein Grundbesitzer an 23, ein anderer an 27 Orten Güter schenkt (ao. 779 nr. 68, 788 nr. 87). Aus dem 9. Jahrhundert erwähnen wir eine Schenkung 801 (nr. 168) an 4 Orten mit 28 Mancipien; an 8 Orten mit 30 Mancipien (nr. 173); 803 (nr. 188) an 16 Orten mit 63 Mancipien; 804 (nr. 219) an 9 Orten; 813 (nr. 296) 149 Mancipien; 819 (nr. 388) an 8 Orten mit 48 Mancipien; 821 (nr. 395) an 9 Orten mit mehr als 40 Mancipien; 838 (nr. 520) an 12 Orten mit 51 Mancipien u. a. m.

Auch die Inhaber von Beneficien im Wormsgau, von denen das Breviarium rerum fiscalium (LL. I, 178) berichtet, erheben sich über das Niveau einfacher Grundbesitzer. Denn es werden im ersten Falle 6 Besitzer aufgeführt, welche zu 6 Herrenhöfen 61 Mansen (50 serviles, 11 ingenuiles und 41 vestiti, 20 absi) nebst besondern 91 Wiesen und Weinbergen besitzen, so dass auf ein Besitzthum über 10 Mansen, 15 Wiesen und 5 Weinberge treffen. Im zweiten Falle geben 5 Besitzer 5 Herrenhöfe mit 27 Mansen, 52 Wiesen und 20 Weinbergen, jeder also zu

1 Herrenhof über 5 Mansen, 10 Wiesen und 4 Weinberge, und 6 Besitzer erhalten als Beneficium 4 Herrenhöfe mit 27 Mansen, 70 Wiesen und 21 Weinbergen, jeder also $4^1/_2$ Mansen, gegen 12 Wiesen und $3^1/_2$ Weinberge. Im Ganzen sind hier 19 Güter vorgetragen, von denen jedes im Durchschnitt $6^1/_2$ Mansen, über 11 Wiesen und gegen 4 Weinberge umfasst, die also schon nicht mehr zu den kleinen Besitzungen gerechnet werden können.

Dass aber der kleine Grundbesitz im 8. Jahrhundert noch recht häufig war, wenigstens bis zu der Zeit, als die Klöster ihre grossartige Thätigkeit der Güteransammlung entfalteten, lässt sich aus den Traditionen von Lorsch leicht ersehen; sie zeigen uns, dass der Besitz an einzelnen Orten sehr zersplittert war, wie z. B. von Birstatt 11[8]), von Dossenheim 23, von Basinsheim 35, von Heppenheim 40, von Handschuchsheim 107 Traditionen vorgetragen sind.

Auch für diese Gegend ist die Entwickelung der Grössenverhältnisse des geistlichen Grundbesitzes und seine Vertheilung nicht minder instructiv als bei den vorher betrachteten. Die Besitzungen der Bisthümer Speier, Worms, Mainz und der erst um die Mitte des 8. Jahrhunderts gestifteten Bisthümer Würzburg und Eichstädt sind allerdings noch nicht ermittelt. Dagegen bietet uns besonders das Kloster Lorsch durch seinen reichen Traditionscodex viele Anhaltspunkte. Sein ganzes Besitzthum in der Karolingerzeit wird auf 2000 Mansen angegeben*), von denen aber der überwiegend grössere Theil erst in dieser Zeit selbst erworben sein dürfte. Wenigstens sehen wir, dass von den 134 Erwerbungen, welche es in Württemberg während des 8. Jahrhunderts machte, nur 15 nachweisbar der Zeit vor Karl dem Grossen angehören.

Von den ersten 2000 Traditionsurkunden des geographisch angeordneten Codex gehören nur 284, also der siebente Theil, der Zeit vor Karl dem Grossen an; bei weitem das Uebergewicht haben die Erwerbungen des Klosters unter Karl dem Grossen. Aber dennoch gehörte es jedenfalls schon zur Zeit Pipins zu den reichsten geistlichen Stiften in Deutschland und erwies sich besonders dadurch sehr einflussreich, dass sich seine Besitzungen über viele Gaue und weite Gebiete erstreckten. Am zahlreichsten waren sie in dem allerdings sehr grossen Wormsgau (in mehr als 200 Ortschaften), Neckargau (gegen 100 Ortschaften), Kraichgau (mehr als 80), Lahngau und Alamannien (je über 60 Orte), Speier- und Lobdengau (je über 50 Ortschaften).

Auch das Stift Fulda (gestiftet um die Mitte des 8. Jahrhunderts) muss wegen des reichen Besitzes, den es sich in

---

*) Dahl, Beschreibung von Lorsch S. 110. 126.

kurzer Zeit zu erwerben gewusst hat, besonders erwähnt werden. Nachdem Karlmann dem Abt Sturm ein Stück des Grabfeldes (4000 Schritt im Gevierte) zur Errichtung eines Klosters geschenkt, versammelte er die Edlen des Grabfelds und liess sie zu weiteren Schenkungen auffordern. Auf diese Weise und durch grossartige Waldrodungen, welche Bonifacius leitete, wuchs bald ein stattlicher Besitz heran; aber auch hier war es vorwiegend die Freigebigkeit Karls des Grossen, welche es möglich machte, dass das Stift noch im 8. Jahrhundert über einen Gesammtbesitz von 15,000 Hufen verfügte, also das reichste überhaupt bekannte Kloster in Deutschland wurde*).

Ferner sei noch des Klosters Hersfeld gedacht, dessen ältester Besitzstand uns durch das Breviarium St. Lulli (Wenk, Urk.-Buch zum I. Band der hessischen Geschichte S. 15) sehr werthvolle Aufschlüsse bietet. Der Gutsbestand dieses Klosters belief sich beim Tode des Bischofs Lullus (786) auf 888 Hufen und 614 Mansen in 163 Villen[9]), von denen 471 Hufen und 302 Mansen in 74 Villen der Schenkung Karls des Grossen selbst angehören, während 417 Hufen und 312 Mansen in 89 Villen vom Erzbischof Lullus erworben und theils von Freien ihm geschenkt waren. Nach der ersten Summe entfallen in einer Villa ca. 6 Hufen und 4 Mansen, nach der zweiten ca. 5 Hufen und 4 Mansen.

Dazu kommen dann noch an späteren Traditionen bis zum Anfang des 9. Jahrhunderts Schenkungen im Gesammtbetrag von 200 Hufen und 80 Mansen (nach dem Breviar. 205 Hufen und 113 Mansen) in 30 Villen, so dass der gesammte Besitzstand des Klosters zu dieser Zeit sich auf 1088 Hufen und 694 Mansen (nach den Summen des Breviar. 1050 Hufen und 795 Mansen) in 193 Villen beziffert; und es entfiel darnach auf 1 Villa ein Klosterbesitz von 6 Hufen und $2^2/_3$ Mansen.

Endlich soll auch noch ein Blick auf die Zustände des Mittel- und Niederrhein geworfen werden. Kleinen Grundbesitz in stärkerer Verbreitung können wir nur aus den niederrheinischen Urkunden ersehen, welche häufig Uebertragungen einzelner Grundstücke und kleiner Gutstheile enthalten; so 793 (Lacombl. I, 3) modicum curtile cum agris 3; 796 (ib. I, 5) locum cum pratis qui ibi iacent, ubi quandum avus meus casam habebat, cum 2 agris qui separati sunt. 801 (ib. 20) curtile cum adiacentibus suis 1 rodo et modico prato et 1 iurnali in terra arabili. Dagegen begegnet uns am Rhein schon frühzeitig grosser Besitz in einer Hand. Das Testament des Grimmo v. J. 636 (Beyer I, 6), der an 26 Orten zum Theil ganze Villen besitzt, kommt hier allerdings nur mit Vorbehalt in Betracht,

*) Mabillon, annales XXIII, 48.

da die Mehrzahl seiner Güter in Frankreich und Belgien gelegen war. Dagegen finden wir spätere Beispiele; am Mittelrhein 765 (Beyer I, 19) an 33 Orten, darunter 24 ganze Villen; 804 (ib. I, 41 f.) 1 ganze Villa mit 183 Mancipien; 826 (ib. I, 58) werden an 5 Orten 9 Mansen mit 88 Mancipien vertauscht; 846 (C. Laur. I, 27) 3 Villen im Rheingau; 853 (I, 83) 1 Herrengut mit 3 Waldtheilen, 12 Mansen und 96 Mancipien geschenkt. Auch mag es hier in Betracht kommen, dass bis zum Ende des 10. Jahrhunderts 21 Burgen und Herrensitze urkundlich vorkommen, von denen je 1 dem 6. und 7. Jahrhundert, 3 dem 8., 8 dem 9. und 10 dem 10. Jahrhundert angehören (Mittelrh. Urk.-B. II, S. CIX). Am Niederrhein hat 797 (Lacombl. I, 9. 14) ein Besitzer 10 Hufen; 805 (ib. I, 27 f.) Besitz an 6 Orten; 855 (I, 65) Erbgüter in 7 Gauen; darunter im Gau Velau an 6 Orten 3 mans. dominic, 21 ½ dienende Mansen mit 31 Liten, 9 Wälder und 123 Waldtheile, in den Gauen Bettau und Flethetti in 5 Villen 6 mans. domin., 13½ dienende Mansen mit 19 Colonen; in 3 frisischen Gauen in 28 Villen 30 sortes, 4 mans. lid. und Wald für 757 animalia.

Besonderes Interesse nimmt auch in diesen Gegenden der geistliche Besitz in Anspruch. Die ausführliche Güterbeschreibung, welche wir von der Abtei Prüm in ihrem berühmten Registrum (893) haben, zählt 119 Villen oder Haupthöfe mit 1530 mansus ingenuiles und serviles, 13 feoda ministerialium und an Heerenland 2402 jugera nebst Land für 1180 mod. Aussaat, Weinberge zu 265, Wiesen zu 1271 Fuhren und Wälder zur Mast für 8296 Schweine auf[10]).

Von dem Stifte Trier wissen wir, dass dasselbe durch Schenkung Karls des Grossen im Jahre 802 ein arrondirtes Gebiet von ca. 10 Quadratmeilen erhielt (Beyer I, 40. II, 401). Von dem Reichthum der Abtei St. Maximin aber gibt die Nachricht Zeugniss, dass von ihr Kaiser Heinrich II 1023 an 68 Orten 6656 Mansen empfing, um sie als Lehen zu vergeben (Beyer I, 300); immerhin aber verblieben dem Stifte noch Güter an 61 Orten (Beyer I, 301), ungefähr die Hälfte des ungeheuren, besonders im 9. und 10. Jahrhundert erworbenen Gutes. Der Abtei St. Marien bei Trier werden im Jahre 1030 ihre Güter an 40 Orten mit 209 Mansen bestätigt; ein Beweis, wie grossartig selbst unbedeutende Stifter doch schon im Laufe der beiden vorausgegangenen Jahrhunderte für die Sicherung ihrer Existenz zu wirken verstanden. Und sicherlich sind die übrigen Klöster des Rheinlandes, von denen am Mittelrhein allein 33 schon der Zeit des 10. Jahrhunderts angehören, in diesem Streben nicht zurückgeblieben.

III.

Die Ursachen der Ausbreitung grosser Grundherrschaften in der Karolingerzeit.

1.

Eine unverkennbare, durchgreifende Veränderung in der Vertheilung des Grundbesitzes ist aus diesen, wenngleich fragmentarischen Daten zu constatiren.

Wir finden am Schlusse der karolingischen Periode in Deutschland Zustände, wie sie am Anfang derselben oder sogar schon vor ihrem Beginn etwa im westlichen Frankenreich unter der Einwirkung römischer Einrichtungen sich gebildet hatten. Aber es ist nicht gestattet anzunehmen, dass die nemlichen Ursachen, welche dort die frühe Ausbildung des Grossgrundbesitzes und der herrschaftlichen Gewalt hervorriefen und begünstigten, in gleicher Weise auch hier wirksam gewesen seien [1].

Die fränkische Cultur in Gallien ging von der Latifundienwirthschaft und dem Colonate der spätrömischen Zeit aus; auf weitem, verhältnissmässig gut cultivirtem Boden breitete sich die kleine Schar der fränkischen Eroberer aus, welche dem muthigen Unternehmen Chlodovechs sich angeschlossen hatten [2]. Reicher Besitz konnte da von Anfang an Jedem zufallen, der es verstand sich zur Geltung zu bringen, und in scharfem Gegensatze mochten die reichen Einkünfte der Franken in der neuen Heimath zu ihrem knappen Besitze stehen, dessen sie sich, dichtgedrängt in der alten Heimath wohnend, erfreuten.

Was sie nunmehr besassen, das war nicht durch Fleiss und persönliche Hingabe an eine wirthschaftliche Aufgabe erworben; es war einfach der Lohn der kühnen That und guten Organisation, die sie befähigte, dem lockern und morschen Staatsverbande einer römischen Grenzprovinz sich fast ohne Schwertstreich zum Herrn aufzuzwingen. Der reiche Lebensgenuss, der ihnen damit offen stand, wie er die Einfachheit germanischer Sitte, ja bald die Nationalität selbst vergessen liess, reizte auch immer wieder mehr zur Erweiterung des Besitzes als zur Arbeit an, und es begreift sich leicht, wie gerade hier das Streben nach mühelosem Erwerb jene Wege aufsuchte und betrat, die wir im Beneficialwesen und der Vassallität dort zu frühzeitigen Quellen des durchgeführtesten Herrschaftsprinzips in der socialen und ökonomischen Ordnung werden sahen. Mochten dabei auch immerhin die alten socialen Verschiedenheiten deutscher Art und der Gegensatz des Eingewanderten und des längst Ansässigen noch einige Zeit bestanden haben, so klärte sich doch bald aus diesem Besiedlungsprocess der eine herrschende Grundsatz ab: nulle terre sans seigneur. Wer es nicht zum Herrn brachte, der wurde Knecht; der breite freie Mittelstand kleiner Grundbesitzer hatte gar bald jeden Boden verloren.

Wie so ganz anders waren die socialen und ökonomischen Verhältnisse der Deutschen in den deutschen Landen gelagert! In den Rheingegenden, im Lande der salischen und der ripuarischen Franken, sowie am Oberrhein in Alamannien kommt die sesshaft gebliebene römische Bevölkerung für die Ordnung der Grundbesitzverhältnisse nach der Völkerwanderung nicht in Betracht. Weder das salische noch das ripuarische Gesetz, noch das alamannische Volksrecht enthalten Bestimmungen, wie sie im Westgothen- und Burgunderrechte über die Auseinandersetzung zwischen Deutschen und Römern nothwendig waren. Vielmehr scheinen hier jene altgermanischen Grundsätze, welche Jedem seinen Antheil an dem gemeinsam occupirten Boden secundum dignationem (nach Massgabe seines Wehrgelds?) zuwiesen, die Grundlage gebildet zu haben, auf welcher sich die Vertheilung des Grundbesitzes auch nach der Völkerwanderung ohne weitere Störung entwickelte. Die rasche Bevölkerungszunahme, zu welcher die alten Deutschen immer neigten und die uns speciell in dem Uebertritt der Franken nach Gallien, in den Zügen der Alamannen nach Rhätien und Italien [3]), sowie aus manchen andern Angaben bezeugt ist, wird hier schon frühzeitig zu einer starken Parcellirung des Grundbesitzes wie zu einem intensiveren Anbau der Ländereien geführt haben, wie er auch aus den Volksrechten immerhin hervortritt.

So war hier der Grundbesitz und das Volkseinkommen vielmehr auf Arbeit gestellt und eine Latifundienbildung in dieser ältesten Zeit wenigstens ausgeschlossen. Immerhin mögen auch hier Einzelne von Anfang an über das normale Mass der Freihufen hinaus besessen haben; aber weder sind sie zahlreich gewesen, noch haben sie sich, die Fürsten ausgenommen, allzusehr von der Masse der Freien durch Besitz unterschieden und etwa eine eigne sociale Klasse gebildet.

In Baiern endlich, wie in Thüringen und Sachsen, waren wohl Reste theils der römischen und keltischen, theils der slavischen Bevölkerung zurückgeblieben, als diese Gegenden endgültig von diesen deutschen Volksstämmen besiedelt wurden. Aber wir sehen doch auch hier weder in den Volksrechten, noch in den urkundlich beglaubigten Verhältnissen der Bodenvertheilung Zustände, die uns berechtigten, diese fremden Völkerreste als massgebende Factoren für die Vertheilung des Grundbesitzes anzunehmen. Dagegen scheinen diese deutschen Völkerstämme im Vergleich zu den weiten Gebieten, welche sie besetzten, wenig zahlreich gewesen zu sein, so dass sowohl die Besitzergreifung des Bodens eine viel losere, als auch die Bewirthschaftung eine ungleich extensivere war, und auch die

Bodenvertheilung bei weitem nicht so parcellirend auftreten musste. In den dichtbevölkerten Gegenden, besonders Baierns, finden wir daher allerdings kleinen Grundbesitz vorherrschend; im Ganzen aber war doch grösserer Besitz, wenn auch besonders an uncultivirten Strecken, häufiger, und eine anwachsende Bevölkerung fand hier ganz andere Bedingungen ihrer Wirthschaft vor, als in den dichtbevölkerten Rheinlanden.

Diese Verschiedenheiten, zu denen im Laufe der Untersuchung noch mehre verstärkende Momente hinzutreten, müssen immer festgehalten werden, um die Ursachen feststellen zu können, aus denen in der Karolingerzeit eine so durchgreifende Veränderung in die Grundbesitzerverhältnisse gekommen ist, dass sich schon am Schlusse dieser Periode die Grundherrschaft auch in Deutschland als das bestimmende Moment der socialen Organisation des deutschen Volkes auffassen lässt.

Man ist jetzt immer gewöhnt, die Veränderungen in den Verhältnissen des Grundeigenthums, wie überhaupt in den socialen Zuständen dieser Zeit, auf die Anfänge der Immunität, auf das Beneficialwesen und die Precarie, auf das Seniorat und die Vassallität als auf ihre Ursachen zurückzuführen. So unzweifelhaft es aber auch ist, dass die grossen socialen Verschiebungen sich gerade in diesen Formen vollzogen haben, so ist es doch bald erkennbar, dass diese Institute selbst wieder nur aus dem Bedürfnisse und der zwingenden Nothwendigkeit der Zeit hervorgegangen sind, in der sie entstanden.

Und so gross auch die politische Bedeutung dieser neuen socialen Organisation geworden ist, so verbietet doch schon die allmälige, aus unscheinbaren Anfängen herausgewachsene Ausbildung dieser Institute, anzunehmen, dass sie einem leitenden politischen Gedanken entsprungen seien, der in ihnen das Mittel zu einem festeren und geordneteren politischen Verbande gesucht und gefunden hätte; vielmehr sind wir dadurch zu der Annahme gezwungen, dass elementare Kräfte des Volkslebens die Zustände geschaffen haben, welche im Beneficialwesen und der Vassallität eine rechtliche Gestaltung und politische Bedeutung erlangten.

Es liegt nahe, diese elementaren Kräfte, deren Wirksamkeit in erster Reihe an Besitz und Erwerb sich äusserte, im Bereiche des Wirthschaftslebens der Nation aufzusuchen. Wir müssen dabei wieder ausgehen von der Thatsache einer weitgreifenden ökonomischen Isolirung der Einzelwirthschaften, die uns, so weit wir die ältesten Zustände nach der Völkerwanderung noch zu überschauen vermögen, allenthalben in ungefähr gleicher Weise entgegentritt. Ursprüngliche Gleichheit der Landlose, wenigstens für die grosse Masse der freien Grundbesitzer, gleiche Producte, gleiche Bedürfnisse des Lebens verleihen den ökonomischen Zuständen dieser Zeit ihr einfaches Gepräge. So lange der familienhafte Zusammenhang in der

Ansiedlung vorhielt, mochte dabei immerhin einige Arbeitstheilung bestehen. Die Markgenossenschaft aber, als Nachbargemeinde, leistete hierfür gar nichts. Im System der Einzelhöfe fehlte sogar der persönliche Zusammenhang, der ihr im Dorfsystem immerhin einige Bedeutung verlieh; aber hier wurde sie paralysirt durch die besondern Schwierigkeiten, welche die Gemengelage der Felder für die Einzelwirthschaft erzeugte. Handel und Verkehr, Kauf und Tausch der Producte war so gut wie ausgeschlossen. Mochte auch vereinzelt der Freie Ueberschüsse seiner Production auf den Markt bringen, oder an einen fahrenden Kaufmann verwerthen, so war das doch zu selten und zu zufällig, als dass sich die Wirthschaft auf einen solchen Absatz einrichten konnte. Zwar bot die Mark mit ihren Gemeindegründen Gelegenheit zur Erweiterung der Wirthschaft; aber nur eine wachsende Bevölkerung konnte sie benutzen; vorübergehend konnte die Familienwirthschaft dadurch gesteigert werden; aber es hielt nicht lange vor. Die Kinder gründeten einen eignen Haushalt und es gewann höchstens die Mark an Colonisation, aber nicht die Märker an ökonomischer Kraft.

Diese Isolirung musste mit Erschöpfung des leicht cultivirbaren Bodens immer unangenehmer empfunden werden; denn schwere, weit aussehende Culturarbeit zu unternehmen, war der auf sich selbst angewiesene Freie nicht im Stande. Die Genossenschaft half ihm aber nicht; höchstens dass einmal sich Verwandte zusammenthaten, um nach alter Väter Weise ein Stück zu cultiviren.

In dieser Isolirung waren nun Diejenigen allein besser daran, die über fremde Arbeitskraft für ihre eignen ökonomischen Zwecke verfügten. Wie sie schon von Anfang an sich günstiger ansiedeln konnten, den schwerern, grössere Culturarbeit benöthigenden Boden der Thalniederungen einzunehmen und eine zweckentsprechende Austheilung und Anordnung des Culturlands und der Wohnungen mit ihren Colonnen vorzunehmen in der Lage waren, so war ihnen auch in der Folge die bessere Verwendung der Arbeitskraft durch Arbeitstheilung, eine planmässige Wirthschaft durch Gebrauchstheilung ihres Boden- und Betriebscapitals, und eine bessere Verwerthung ihrer Producte durch Absatz auf dem Markte möglich. Das förderte den Besitzstand, liess jede Ausdehnung desselben durch Rodung und Neubruch zu und machte die Ueberschussproduction zum eigentlichen Wirthschaftsziele [4]).

Diese relative ökonomische Stärke zeigte sich sofort in den ersten Entwicklungstendenzen, welche ein so junges wirthschaftliches Leben, wie das der Deutschen, in ihrer neuen Heimath entfalten musste — bei der Dienstbarmachung der natürlichen Bodenkräfte, der Occupation und ersten Colonisation des Landes. Nicht überall war diese in gleicher

Weise schon am Beginn der urkundlichen Zeit vollzogen. Wir haben gesehen, dass in Baiern und Thüringen, wohl auch in Sachsen noch im 8. Jahrhundert grosse Strecken wüsten Landes bestanden, wenn auch eine lose Besitzergreifung schon stattgefunden hatte und insbesondere durch die Geltendmachung königlicher und herzoglicher Rechte vervollständigt wurde. Aber auch weite Gebiete einzelner Gemarkungen gab es, deren Grenzen nur ganz ungefähr bestimmt waren und daher dem herrenlosen Lande sehr nahe standen.

Auch in Alamannien, im Franken- und Hessenlande fehlte es nicht an weiten Waldgebieten, wenn sie gleich hier nicht mehr jene Rolle wie in den östlichern deutschen Ländern spielten. Diese Wüsteneien in Angriff zu nehmen, musste das erste Bestreben einer sich expandirenden Wirthschaft sein; und in der That spielt auch die Occupation solcher Gebiete mit darauffolgender Cultivirung eine Hauptrolle in den wirthschaftlichen Bestrebungen der ältesten Zeit. Die herrschende Isolirung der Wirthschaften macht sich aber auch hier geltend. Nirgends sehen wir colonisatorische Arbeit von der Genossenschaft ausgehen; ja es fehlen für die älteste Zeit sogar die Anhaltspunkte, um eine Ingerenz der Genossenschaft auf die Rodungen anzunehmen. Sowohl in der Mark als ausserhalb derselben rodet der Einzelne nach Massgabe seiner wirthschaftlichen Kraft; in der Mark war diese allerdings durch seinen Hufenbesitz begrenzt und bezeichnet (juxta formam hovae plenae). S. o. S. 16 fg.

Es war nun schon eben damit eine bessere Eignung und eine Erleichterung der Rodung für den Grossgrundbesitzer gegeben. Ausserhalb der Mark aber setzte der Rodung nur das fremde Recht an einer Wüstenei und die Verfügbarkeit über fremde Arbeitskräfte eine Schranke. Da begreift es sich leicht, dass gerade Diejenigen am reichlichsten rodeten, welche am meisten dienstbares Volk hatten, und dass Grossgrundbesitz, aus Rodung hervorgegangen, da mehr entstehen konnte, wo eben grosse Wüstungen reichlichere Gelegenheit dazu gaben. Es ist damit nicht gesagt, dass die Rodung ausschliesslich Sache Derjenigen gewesen sei, welche schon frühzeitig durch wirthschaftliche Ueberlegenheit die Menge der freien Grundbesitzer überragten. Auch diese benutzten die Gelegenheit einer weiten uncultivirten Mark oder einer benachbarten Wüstung, um Land zu ihrem Antheil an der genossenschaftlichen Feldmark zu erwerben, bei angewachsener Familie Land für nachgeborne Söhne oder ins Haus aufgenommene Verwandte urbar zu machen. Aber bei beschränkten Arbeitskräften war diesen Rodungen eine enge Grenze gezogen, um so mehr, als das gerodete Land, das der Besitzer nicht zu bebauen vermochte, wieder in die Mark zurückfiel und also nicht einmal für spätere Zeit als Kauf- oder Tauschobject reservirt werden konnte. Dagegen geht, was wir an grossen Rodungen der Karolingerzeit erfahren, von den Grossgrundbesitzern, vorab von den Fürsten selbst und von der Kirche aus. Auf den königlichen Villen wurde die Urbarmachung systematisch betrieben; im Capit. de villis c. 36 (LL. I, 183) wird vorgeschrieben: ut silvae vel forestes nostrae bene sint custoditae; et ubi locus fuerit ad stirpandum, stirpare faciant et campos de silva increscere non permittant; et ubi silvae debent esse, non eas permittant nimis capulare atque damnare. Und im Capit. Aquisgr. 813 c. 19 (LL. I, 189) wird den Villicis aufgetragen: et plantent vineas, faciant pomaria et ubicunque invenient utiles ullos homines, detur illis silva ad stirpandum, ut nostrum servitium immelioretur. Diese musterhaften Anordnungen wirkten aber, wie auf andern Gebieten der Bodencultur, so auch auf diesem anregend auf Alle, deren Besitz in ähnlicher Villenverfassung sich befand. Die grossen Colonisationen Frankens und zum Theil auch Alamanniens durch Sachsen waren gleichfalls ein Werk Karls des Grossen, von jenem umsichtigen Geiste geleitet, der es verstand, die verschiedensten Zwecke gleichzeitig zu erreichen. Es schloss sich an diese Colonisation eine, wie es scheint, nicht minder wichtige in Sachsen selbst an, indem Karl die den Sachsen abgenommenen Güter an Franken verlieh, deren Leute nun eine Bodencultur, wie sie dieselbe in ihrer Heimath kannten, auf ein verhältnissmässig wenig bebautes Land — man denke nur an den Pferdetribut der Sachsen unter Pipin[5]) — anwendeten.

Ueber die Bedeutung dieser kleinen Völkerwanderung geben die Quellen selbst annähernd Aufschluss. Die Ann. Laur. min. (SS. I, 119) berichten zum Jahre 794: Saxones obtinuit et tertium de eis hominem in Franciam educens collocavit. Ann. Laur. a. a. 799 (I, 38) Carolus tulit multos Saxonorum cum mulieribus et infantibus et collocavit eas per diversas terras in finibus suis et ipsam terram divisit inter fideles suos, episcopos, presbyteros, comites et alios vassos suos. Einh. Annal. a. 804 (I, 191) Omnes qui trans Albiam et in Wihmuodi habitabant Saxones cum mulieribus et infantibus transtulit in Franciam et pagos Transalbinos Abodritis dedit. Einh. Vita Caroli c. 7: decem milia hominum ex his qui utrasque ripas Albis fluminis incolebant, cum uxoribus et parvulis sublatos transtulit et huc atque illuc per Galliam et Germaniam multimoda divisione distribuit.

Den Sachsen wurden dabei in Franken nicht bestimmte Güter übergeben, sondern es blieb ihnen überlassen, sich in dem ihnen angewiesenen Theil des Reiches Wohnsitze aufzusuchen, was natürlich vorzugsweise nur auf unbebautem Königslande möglich war. So berichtet eine Urk. von 811 (Trad. Fuld. nr. 261) von dem Sachsen Amalungus . . . venit ad villam cuius est vocabulum Vulvisangar, quam tunc temporis

Franci et Saxones inhabitare videbantur, cupiens ibi cum eis manere, sed nimime potuit, tunc pergens ad locum qui dicitur Vualdisbecchi inter Viseraha et Fuldaha proprisit sibi partem quandam de silva quae vocatur Bocchonia.

Die Grösse dieses Waldbesitzes, den Karl der Grosse 811 dem Sohne des Amalung bestätigt, wird auf 6 Stunden im Umfange angegeben, und einen gleichgrossen Waldbezirk hatte der sächsische Graf Hiddi mit seinem Sohne ca. 800 colonisirt*); und es scheint daraus hervorzugehen, dass bei der Ueberführung der Sachsen der sociale Verband, der zwischen den dortigen Grossen und ihren untergebenen Leuten bestand, nicht aufgehoben wurde, da sonst so grosse Rodungen in so kurzer Zeit kaum denkbar wären. Dagegen wurden die confiscirten Sachsengüter Königsgut (ad partem dominicam revocatae fuerant res eorum)**) und als solches an fränkische Grosse verliehen, wobei man in keiner Weise***) an dasselbe Verfahren zu denken braucht, das nach Beendigung der Avarenkriege zur Colonisirung des entvölkerten Pannoniens angewendet und in einer Urk. von 863 folgendermassen geschildert wird: qualiter avus noster Carolus licentiam tribuit suis fidelibus in augmentatione rerum ecclesiarium dei in Pannonia carpere et possidere hereditatem (Mon. Boic. XI, 121). Vielmehr werden diese Güter nur als Beneficien verliehen und mit dorthin überführten eignen Leuten der fränkischen Grossen oder mit unterworfenen Sachsen bebaut worden sein.

Aehnlich colonisatorisch trat auch Tassilo II an den Grenzen des bairischen Herzogthums im Avarenlande und an der südöstlichen Slavengrenze auf; Schutz der Marken durch zahlreiche Colonisten und Hebung des Bodenanbaus sind auch hier die gleichzeitig verfolgten Ziele gewesen. Urk.-B. für Kremsmünster S. 2: Tradimus (777) atque confirmamus . . homines qui in ipso loco habitant et ea cuncta que ibidem culta videbantur, de incultis vero ex omni parte quantum voluerint, cultum faciant . . . . In circuitu cultum faciant quantum velint sine omni prohibicione (es ist immer vom Lande diesseits der Enns die Rede). 30 Slaven, die ohne Tassilo's Erlaubniss dort Land urbar gemacht haben, werden mit diesem dem Kloster geschenkt. Vgl. Abel, Jahrb. des fränk. Reichs unter Karl dem Grossen I, 1866, S. 225. — Donatio Thassilonis ad Scarantiam 769 M.-B. IX, 9: cum consensu optimatum Baiovarorum dono atque transfundo locum nuncupantem India (Innichen)[6]) a rivo que vocatur Tesido usque ad terminos Slavorum . . totum atque integrum, campestria seu et montana, pascuas,

*) Mabillon, De re dipl. IV, p. 512 nr. 64. Rommel, Hessische Geschichte I, 80 ff.

**) Schaten, Ann. Paderb. I, 65.

***) Wie das Roth, Beneficialwesen S. 71, thut.

venationes, umecta seu et frutecta . . . . quia et ipsa loca ab antiquo tempore inanem et inhabilem esse cognovimus.

Wie planmässig die Kirche vorab durch die Klöster colonisirte, wo ihr entweder eine grössere Anzahl Mönche oder hörige Leute zur Verfügung standen, das sehen wir aus den vielen Beispielen zur Genüge, in denen die Anlegung der Klöster und Zellen eben in unwirthlichen Gegenden erfolgte und gedieh.

Es fehlt aber auch durchaus nicht an besonderen Zeugnissen der colonisirenden Thätigkeit der Kirche. Der von Corbinian für das Stift Freising erworbene Besitz in Tirol wurde unter den folgenden Bischöfen durch fortgesetzte Urbarmachung öder Gründe beträchtlich erweitert (Aribo vita S. Corb. c. 20). Der Bischof Josef von Freising erwarb im Jahre 750 von den nobiles de Fagana und dem Herzog Tassilo amplissima tum prata tum pascua plane inculta, baute dort Häuser und machte sie der Wirthschaft des Stifts dienstbar (Meich. I^a 49). Auch verliehen die Aebte gern unbebautes Land an Colonen, damit dieselben dort cultivirten; z. B. Tr. Sang. 866 II, 518: 40 juchos adhuc inexstirpatos sub censu 1 maldri de grano concessimus. Ja es wurde wohl auch das Mittel der Schenkung und des Tausches angewendet, um Rodung zu bewirken und so Zins von bisher unbebautem Lande zu erhalten. 912 Tr. Sang. II, 766: dedi omnem proprietatem meam . . et econtra accepi 10 juchos de terra arativa . . et silvam, quantum mihi necesse est exstirpanda, ea ratione, ut annis singulis censum persolvam.

Aber auch im ökonomischen Leben der weltlichen Grundherren lässt sich die Rodung als ein wichtiger Factor zur Befestigung ihrer wirthschaftlichen Ueberlegenheit leicht erweisen. Ununterbrochen tritt zu dem bisherigen Culturland neugewonnenes hinzu und gibt Gelegenheit zu Kauf und Tausch, zu Verleihung als Beneficium und Schenkung. In den ältesten Urkunden zur Geschichte des Niederrhein geschieht fast immer der comprehensiones, Rodungen etc. Erwähnung. (Urk. I, 6, 9, 11—13, 17, 19, 21, 27, 44, 52, 84). In den Lorscher Traditionen spielt diese Art der Erwerbung gerade bei den grösseren Grundbesitzern eine besondere Rolle; so I, 245 ubi Udo stirpavit (vgl. I, 132); I, 243—245 novalia, bifangum, stirpatum et proprisum einer Familie, die in 12 Urkunden Güter überträgt. Und ähnliches liesse sich leicht aus den verschiedensten Gegenden Deutschlands in dieser Zeit constatiren, z. B. wenn im Jahre 853 (Meich. I^b 693) ein Wald von 400 Morgen zu Land und 56 Karren Wiesen, oder 875 (Juvavia 64) 1300 Joch Wald zum Roden übertragen wird. Die Zeit des 9. und 10. Jahrhunderts ist im Rheingau wie im Hessenlande am stärksten durch Rodungen bezeichnet, wie sie die Zeit der Bildung grosser Territorien gewesen ist*).

Aber auch aus später erst nachweisbaren Thatsachen lässt sich ein Rückschluss auf den Umfang ziehen, in welchem gerade die vornehmeren Freien schon frühe ihre Kraft der Colonisation zuwendeten. So verweist es uns geradezu auf eine grössere Selbständigkeit der Wirthschaft und ein hervorragendes colonisatorisches Bemühen, wenn wir sehen, dass sowohl tief im Gebirge, wo Baiuwaren und Alamannen ihre Sitze neben den Resten einer räto-romanischen Bevölkerung aufschlugen, als auch am Mittelrhein, wo das Dorfsystem eine uralte klassische Stätte hatte, die Grossen des Volkes ihre Herrenhöfe mit Vorliebe in den unbewohnten und erst durch Rodung zu gewinnenden Gegenden aufschlugen [7]). Von hier aus setzten sie ihre Leute auf Neuland aus und gaben ihnen wohl auch den Auftrag, für die Herrschaft weiter zu occupiren und zu roden. Denn wie der servus für den Herrn ersitzen konnte (sessionem more Bajoariorum Meich. I^b 636 a^a 845), so konnten die homines auch im Namen des Herrn roden, da, wo ihnen selbst kein Recht dazu zustand. Urk. 793 (Lacombl. I, 2) exceptis agris, qui inibi ante extirpati sunt a patribus aut ab hominibus nostris. Auch die abhängigen Freien waren verpflichtet, ihrem Herrn diesen Dienst zu leisten; so ist offenbar die Urk. 801 (Lacombl. I, 21) zu verstehen: comprehensionem illam quam ipse Helmbaldus in propria hereditate et in communione proximorum suorum proprio labore et adiutorio amicorum suorum legibus comprehendit et stirpavit. Denn diese Bedeutung der amici als abhängige Freie ist auch sonst hinlänglich bezeugt**). Und der servus wurde dann oft cum elaboratu suo von der Herrschaft verschenkt oder veräussert. (Tr. Fuld. 796, Nr. 114, 131; 797, Nr. 143 f.)

Und es ist bemerkenswerth, hier hervorzuheben, dass die Herrschaften an dieser weitgreifenden Urbarmachung keineswegs durch ein überall geltend gemachtes Recht der Könige auf Wüsteneien gehindert waren. Haben wir früher (II S 31) schon Beispiele gesehen, welche uns weltliche Grundherren als Besitzer weiter Wildniss zeigten, so gibt es auch der Fälle genug, wo ein unbestrittnes Recht der Rodung an solchen Orten ihnen zustand und von ihnen geübt wurde***).

Auch kann es immerhin hiefür einiges beweisen, dass die coloniae, welche recht eigentlich als Ansiedlungen Unfreier auf gerodetem Lande der Grundherren gelten können — wird doch colonia in deutschen Glossen mit hreiti-huoba erklärt — sich

*) Bodmann, rheingauische Alterthümer. Arnold, Ansiedlungen und Wanderungen passim.

**) Waitz II, 198. 335. Roth, Beneficialwesen 157 ff.

***) Vgl. Beseler, Neubruch. Auch Gierke II, 147.

in älterer Zeit auch vorwiegend in solchen Händen befanden, wie das insbesondere aus dem Indiculus Arnonis zu ersehen ist; dagegen verschwindet der Gebrauch dieses Ausdrucks in bairischen Urkunden mit dem 10. Jahrhundert mehr und mehr, als die Urbarmachung hier im Wesentlichen beendet war*).

2.

Das aber musste sofort klar werden, dass jeder Zuwachs an Grundbesitz, der durch Rodung gewonnen wurde, nur Werth erhielt im Verhältniss zum Zuwachs an fremden, dienenden Arbeitskräften. Wie die Rodung selbst, wenigstens in grösserem Stile nur denen möglich war, die schon über Leibeigne und Hörige in grösserer Anzahl verfügten, so verlangte auch die Verwerthung des gewonnenen Neulands gebieterisch eine Ausdehnung des persönlichen Herrschaftsverhältnisses. Und auch da, wo der kleine freie Grundbesitzer durch besonders energische Bethätigung wirthschaftlichen Strebens durch Rodung seinen Besitz zu vergrössern verstand, war es nicht anders. Auch für ihn war damit das Streben sofort vorgezeichnet, aus seinem Grundeigenthum eine Grundherrschaft zu machen, neben dem sachlichen Herrschaftsrechte auch ein entsprechend grosses persönliches zu entwickeln. Denn schon war allenthalben in deutschen Landen die Wirthschaft auf den Ackerbau begründet; wie gross auch die Verschiedenheit des Intensitätsgrades in den verschiedenen Gegenden angenommen werden mag, so war doch eine überwiegende Benutzung des Grundeigenthums als Weide für grosse Viehheerden oder gar als blosse Jagdgründe schon gänzlich ausgeschlossen. Die Latifundien der Jäger- und Hirtenvölker haben keinen Raum mehr in der deutschen Bodencultur des 8. oder gar des 9 Jahrhunderts. Nicht mit Grund und Boden an sich, sondern mit dem Pfluge, der ihn bearbeitete, erhielt der Grundeigenthümer eine ökonomische Macht und erlangte die Verfügung über grössere ökonomische Werthe, die ihm dann auch seine sociale Ueberlegenheit vorbereitete.

Eine grössere Wirthschaft aber auf Kapital zu stützen, etwa in der Form eines intensiven Viehzuchtsbetriebs mit grossen Weideflächen, war bei dem unvollkommen entwickelten Markte und dem Mangel des Geldkapitals gänzlich ausgeschlossen; und auch der ausschliessliche Betrieb grosser Güter durch Lohnarbeiter ist diesem trotz aller Bemühungen Karl des Grossen für Einbürgerung des allgemeinen Geldgebrauchs vorwiegend naturalwirthschaftlichen Zeitalter völlig fremd.

*) Vgl. Hundt, im oberbair. Archiv Bd. 34, S. 250 ff.

So ist das überall hervortretende Streben grösserer Grundherren hinlänglich erklärt, Leute der verschiedensten rechtlichen und socialen Stellung in ihren Herrschaftsbereich zu ziehen; und theils der römische Colonat, theils die bei den Deutschen seit lange vorkommende Art der Landverleihung an Knechte (Tac. Germ. 25) zeigten die Form an, in welcher dieses Ziel dem Geiste jener Zeit entsprechend erreicht werden konnte.

Hiezu boten sich im Wesentlichen zwei Wege dar. Der Grundherr konnte mit Kapital (Geld, Grundstücken oder anderweitigen Werthen) sich Leibeigne erwerben, oder es konnten freie Grundbesitzer veranlasst werden, sich der Herrschaft eines andern zu unterwerfen und dessen Wirthschaftsorganisation sich einfügen zu lassen. Beide Wege sind eingeschlagen worden; der erstere aus naheliegenden Gründen seltner als der zweite. Denn der Leibeignen, die wie Sachen zu veräussern waren, gab es in Deutschland doch nur eine beschränkte Anzahl, die sich im Wesentlichen nur mit der Volkszahl überhaupt vermehrte [8]). Ja bei der besonders starken Nachfrage, welche das schon durchaus herschaftliche organisirte Gallien in deutschen Landen unterhielt, während ein Export nach Deutschland so gut wie gar nicht stattfand, wird auch diese Zahl eher vermindert als vermehrt worden sein. Jeder Kauf von Leibeignen durch einen Grundherrn machte also eine Lücke bei einem andern, die um so weniger leicht auszufüllen war, als der Verkauf über die Landes- oder gar Stammesgrenze nicht selten verboten war. So schon L. Alam. Hloth. 27, 1 (LL. III, 57): ut mancipia foris provincia nemo vindatur. Capit. Francic. 779, c. 19 (LL. I, 38): et foris marca nemo mancipia vendat. Decr. Tassil. Niuh. c. 1 (LL. III, 464): ut nullus a provincia sua mancipium limine venundare praesumpserit. Die Klasse der Grundherren konnte also auf diesem Wege ihre dienenden Arbeitskräfte nicht erheblich vermehren, es sei denn, dass gleichzeitig die Anzahl der Grundherren sich verminderte, die Leibeignen daher bei immer weniger Grundherrschaften concentrirt wurden. Dass solcher Erwerb von Leibeignen gleichwohl vorkam, beweisen verschiedene Stellen der Volksrechte und Kapitularien; z. B. L. Al. Hloth. 37, 2 (LL. III, 57): infra provincia, ubi necesse est, unusquisque de mancipio suo potestatem secundum legem iudicandi. Divisio imperii 806 (LL. I, 142) c. 11: mancipiis non casatis et his speciebus, quae ad negotiatores pertinere noscuntur; aber auch Urkunden (Tr. Sang. 772 I, 64) und Formeln lassen uns eine gewisse Häufigkeit dieser Geschäfte erkennen (Form. Monac. 18 bei Rozière recueil I, 348, Nr. 292). Noch im 9. und 10. Jahrhundert war dieser Handel in Uebung und die mancipia werden wiederholt unter den Kaufmannsgütern genannt. So im Cap. 806, c. 11 (LL.

I, 142), in der Zollrolle für Raffelstätten 906, c. 6, 9 (LL. III, 481)*).

Ungleich wichtiger war dagegen der zweite Weg, und um ihn mit Erfolg betreten zu können, boten sich zugleich verschiedene Umstände günstig dar. Mit der definitiven Besiedlung des Landes war auch Grund und Boden, wenigstens der Hauptsache nach, bald occupirt und vertheilt. Jeder später Kommende musste sich in die neu geschaffene Ordnung fügen, und es fanden sich wohl viele, die mit frohen Hoffnungen gezogen kamen, getäuscht und mussten als landlose Leute dem Schutze eines vermögenden Landeigenthümers sich übergeben. Auch die Markgenossenschaft schloss solchen Abenteurern immer mehr ihre Pforte. So wenig sie auch für die sociale Ordnung bedeutete, so viel Widerstand gegen beliebige Ansiedlung bewies sie doch, dass sie dem Widerspruch des Einzelnen Kraft genug beimass, um jenen von der Schwelle zu weisen. War dabei auch mehr das gegenwärtige Eigeninteresse der einzelnen Märker an dem ungeschmälerten Marknutzen, als eine weise Schonung desselben durch die Gesammtheit für die künftigen Geschlechter bestimmend, so lag darin mittelbar doch immer auch ein Schutz der bestehenden Ordnung der Dinge, welche durch solche Veränderungen in dem Güterbestand der Genossenschaft gefährdet erschien. Denn neue Ansiedlungen, besonders von Fremden, verkürzten nicht bloss wegen der nothwendigen Rodung das Markland, sondern schmälerten auch durch die aus der Aufnahme in die Gemeinde abgeleiteten Ansprüche an den Gemeindenutzen die ökonomische Basis. Am deutlichsten kam das in der l. Salic. 45 de migrantibus zum Ausdruck; c. 1: Si quis super alterum in villa migrare voluerit, et aliqui ex eisdem, qui in villa consistunt, eum suscipere voluerint, et vel unus vel aliquis ex ipsis extiterit, qui contradicat, migrandi licentiam ibidem non habeat. c. 2: Si quis vero admigravit et ei aliquis infra 12 menses nullus testatus fuerit, ubi admigravit, securus sicut alii vicini consistat.

Da war denn die grosse Grundherrschaft mit weitem gerodeten und ungerodeten Lande das rechte Refugium. So wendet sich in Urkunde 811 (Tr. Fuld. 261) der von einer Gemeinde abgewiesene Amalung in den königlichen Forst Buchonia, wo er ungehindert ein grosses Gebiet roden und bauen konnte. Der Grundherrschaft konnte solcher Zuwachs an Arbeitskräften nur erwünscht sein, und sie war andererseits in der Lage, alles dasjenige zu bieten, was der Ankömmling suchte: ein Grundstück zu selbständiger Bebauung, Schutz im persönlichen Rechte, ja selbst Antheil an einem genossen-

*) Vgl. Wattenbach im Anzeiger f. Kunde der deutschen Vorzeit V. 1874, Nr. 2, S. 37 ff.

schaftlichen Regimente, wie es sich auch im herrschaftlichen Verbande entwickelte (s. u.). Das einzige, was sich der Ankömmling dabei gefallen lassen musste, das war die allgemeine Ergebung zu treuem Dienste an den Herrn und die Uebernahme gewisser persönlicher Leistungen und Abgaben, die er aber um so weniger drückend empfand, als er den erlangten Besitz doch immerhin als eine Art Geschenk betrachten konnte. Und das persönliche Band der Abhängigkeit vom Grundherrn, das überdiess seinen Stand und seine rechtliche Freiheit nicht zu beeinträchtigen brauchte, wurde um so weniger fühlbar, je mehr sich die Feudalität mit ihrem politischen Inhalte an Stelle des alten Unterthanenverbandes setzte, den doch Jeder eingehen musste.

Und diesen zugezogenen, landlosen Fremden standen jene nachgebornen Söhne und Töchter ziemlich gleich, welche durch eine hier und dort herrschende Sitte, wohl auch schon durch bestimmte Anordnungen der Grundherren für ihre Beneficien, von der Wohlthat des eignen Grundbesitzes auf dem väterlichen Erbe oder Lehengute ausgeschlossen waren und nun eine gesicherte ökonomische Existenz mit einem Opfer an persönlicher Freiheit erkaufen mussten; wobei es ihnen oft leichter sein mochte, es einem fremden Grundherrn, als dem bevorzugten Bruder auf dem ungetheilten väterlichen Erbgute zu bringen.

Aber auch in dem Leben der kleinen Grundbesitzer selbst entwickelten sich im Laufe der Zeit eine Reihe von Umständen, welche die Erreichung des von den grösseren Grundherren angestrebten Zieles begünstigten. Die wirthschaftliche Isolirung, in der sie sich, auch im Markenverbande, befanden, musste eine Schwäche und Unfähigkeit zu Widerstand gegen alle Art von Unglücksfällen, besonders auch von Vermögensverlusten herbeiführen, die nicht selten mit Noth und Elend endete; selbst zur Veräusserung des Erbguts, als dem letzten Mittel der Abwehr, war im Kreise der Genossen oft die Gelegenheit nicht geboten; über ihn hinauszugreifen, dazu fehlte es am Markte und an der Concurrenz der Käufer; und auch wo sich die Gelegenheit fand, war sie nicht immer geeignet, ihren Zweck, eine Sicherung der bedrohten Existenz für den Verkäufer, zu erreichen. Denn der Kaufpreis, selbst in Geld gegeben, war in Zeiten vorwiegender Naturalwirthschaft wenig begehrenswerth. In andern Werthobjecten (Vieh etc.) gegeben, war er aber unter solchen Umständen oft werthlos und unbrauchbar. Und dazu verlor die persönliche Stellung eines Freien, der sein ganzes Besitzthum veräusserte, so zu sagen allen socialen Halt, da der Stand grundbesitzloser und doch unabhängiger Freier mit der ganzen Gesellschaftsverfassung jener Zeit nicht vereinbar war.

In solcher Nothlage war es immerhin der einfachste und beste Ausweg, den Grundbesitz aufzutragen, ihn als Beneficium zurückzuerhalten und nun wenigstens eine sociale Stütze an dem Verleiher zu finden, die auch ihre ökonomisch werthvolle Seite hatte. War aber die Noth so hoch gestiegen, dass eine Fortführung der Wirthschaft auch mit Minderung der Freiheitsrechte nicht bestehen konnte, so lag die Ergebung in servitium um so näher, als sie die Erlangung von Grundbesitz aus der Grundherrschaft nicht nur nicht ausschloss, sondern sogar regelmässig zur Folge hatte.

Es ist denkbar, ja wohl in hohem Grade wahrscheinlich, dass die massenhafte Verarmung, welche wir in der Karolingerzeit in der untern Klasse freier Grundbesitzer finden, ihre Ursache in dem volkswirthschaftlichen Aufschwunge hat, den wir in derselben Zeit beobachten können. Von Pipin vorbereitet, von Karl dem Grossen ausgeführt und von seinen unmittelbaren Nachfolgern festgehalten, war die Politik der innigen Verschmelzung beider Reichshälften und insbesondere die Hebung der austrasischen Cultur im Geiste und mit den Mitteln des reiferen neustrischen Lebens. Das war ein Regen und Schaffen auf allen Gebieten des öffentlichen Lebens, welches alle schlummernden Kräfte mit einem Male zu hohen Zielen weckte und ein unabsehbar weites Feld der Erfolge für jede tüchtige Kraft in Aussicht stellte. Besonders auf dem wirthschaftlichen Gebiete, auf dem das Westreich eine so grosse Ueberlegenheit über den Osten zeigte, war, gegenüber der Einfachheit der älteren Zustände, gleichsam alles zu gewinnen und es liegt nahe, welche Vortheile hier die „Vorhand“ haben musste, die sich einer durch persönliche Tüchtigkeit und durch Besitz zu erringen und zu wahren verstand. Wie immer in Zeiten raschen volkswirthschaftlichen Aufschwungs die Vermögensunterschiede grösser werden, weil dieser Aufschwung von verhältnissmässig Wenigen angeregt wird, die dann auch die Früchte dieser Anregung einheimsen, bevor noch die Masse des Volkes an dem einen wie an dem andern Antheil nehmen kann; und wie der Werth eines solchen Aufschwungs für die Menge mehr in Steigerung des durchschnittlichen Lebensgenusses und bleibender Erhöhung ihrer Bedürfnisse, Erweiterung ihres Horizonts, als in leichterer Bedürfnissbefriedigung besteht, so mochte auch in jener Zeit die allgemeine Volkscultur einen bedeutenden Schritt nach vorwärts gemacht haben, ohne dass damit eine Besserung des Loses der grossen Menge im Sinne einer mühe- und sorgenloseren Existenz geschaffen worden wäre. Vielmehr wird die in der primitiven Form der Naturalwirthschaft liegende „Gemüthlichkeit“ der Existenz verloren gegangen und für alle Schwachen und weniger Thatkräftigen eine Gefährdung der Existenz entstanden sein.

So sehen wir denn thatsächlich in einer Menge von Fällen Mangel und Noth — aus diesen und jenen Ursachen entstanden — als das Motiv für das Aufgeben der Freiheit und die Unterwerfung unter die Botmässigkeit eines Grundherrn in Urkunden auftreten. Ja es ist dieser Grund sogar zur stehenden Formel geworden und zeigt uns damit die Allgemeinheit seines Vorkommens ebenso unzweifelhaft an wie die Capitularien, welche immer wieder auf diese socialen Missstände zurückkommen.

Die Capitularien berichten uns über diese Zustände insbesondere aus Anlass der gesetzlichen Vorschriften, mit welchen der Missbrauch geistlicher und weltlicher Gewalt bekämpft und eine geordnete Armenpflege auf den Grundherrschaften entwickelt werden sollte*).

Speciell bestimmt L. Saxon. 62: nulli liceat traditionem hereditatis suae facere . . nisi forte famis necessitate coactus. L. Fris. XI, 1: si liber homo spotanea voluntate vel forte necessitate coactus nobili seu libero seu etiam lito in personam et servitium liti se subdiderit. In die Formeln ist dieser Vorgang als regelmässig wiederkehrend aufgenommen; Form. Sirm. 44 (Rozière I, 69, Nr. 43) qualiter ego minime habeo, unde me pascere vel vestire debeam. Form. Andeg. 19 (Rozière I, 70, Nr. 45) pro necessitate temporum et vitae compendium me eciam sterilitas et inopia precinxit, ut in aliter transagere non possum, nisi ut integrum statum meum in vestrum debiam implecare servitium**).

Zahlreich sind auch die Urkunden, durch welche besonders der Kirche Grundbesitz aufgetragen und wohl auch persönlicher Dienst übernommen wird, ut victum et vestimentum habuissem (Trad. Sang. 795, I, 139; 827, I, 311) oder propter meam substantiam quod ad ipsam ecclesiam mihi vivente habere cupio (Tr. Sang. 745, I, 12); oder ut tempus vitae meae de ipso monasterio accipiam substantiam, id est victum et vestimentum et calciamenta (Tr. Sang. 764, I, 44); . . ut usque ad finem vitae meae de victu et vestimento curam habeatis***), und dgl.

Wie stark und mit wie wenig wählerischen Mitteln es aber auch die Grundherren verstanden, die Noth der Leute zu diesem ihrem wichtigsten Zwecke auszubeuten, davon erzählen uns besonders wieder die Capitularien Karls des Grossen, die den vergeblichen Kampf mit der Habsucht der Grossen zu führen nicht unterliessen. Cap. 806, c. 8 (LL. I, 144): Sunt et alii, qui iustitiam legibus recipere debeant et in tantum fiunt in quibusdam locis fatigati, usque dum illorum iustitiam

---

*) Vgl. die einschlägigen Stellen S. 62 und Abschn. 4.

**) S. andere Beispiele bei Waitz II, 190 f.

***) Tr. Sang. 764, Nr. 45. Weitere Stellen ib. 774, Nr. 72; 808, Nr. 198; 816, Nr. 220 f.; 824, Nr. 284; 825, Nr. 288; 828, Nr. 314; 830, Nr. 334, 336; 834, Nr. 352. Auch Trad. Fris. 377. 379. — Tr. Wizz. 788, Nr. 208.

per fideiussorum manus tradant, ita ut aliquid vel parvum possint habere et forciores suscipiant maiorem porcionem. Cap. 809, c. 24 (LL. I, 156) de debitis pauperum anterioribus et negotia facienda antequam fructus colligatur, omnino inantea cavenda hoc ex ore proprio locuti sumus.

Ja es hatte hier die humanere Auffassung des Kaisers gleichzeitig mit der Habgier der Reichen und der Strenge altgermanischer Anschauungen zu kämpfen. Nach dem bairischen Volksrechte verfiel in Knechtschaft, wer eine Composition nicht zahlen konnte; L. Bai. I, 10: si quis episcopum occiderit.... donet quicquid habet usque dum inpleat debitum; et si non habet tantam pecuniam, se ipsum et uxorem et filios tradat ad ecclesiam illam in servitio, usque dum se redimere possit; II, 1 usque habet substantiam componat secundum legem; si vero non habet, ipse se in servitio deprimat et per singulos menses vel annos, quantum lucrare quiverit, persolvat cui deliquit, donec debitum universum restituat*).

Gerade das strenge Compositionensystem der Volksrechte war eine häufige Veranlassung zu Verschuldung und als Folge davon zu Verarmung. Denn der Reiche, der dem einer Strafe nach Volksrecht Verfallnen die nöthige Summe vorstreckte, begnügte sich, auch wenn er ein Geistlicher war, kaum je mit der Rückzahlung[10]), sondern nahm entsprechende Zinsen, welche für ein solches Consumtivdarlehen aufzubringen immer schwer fallen musste, so dass schliesslich auch dieser Schuldnexus zu einer persönlichen Abhängigkeit führen konnte. So heisst es in Form. Andeg. 37 (Roz. I, 465, Nr. 371): Constat me accepisse et ita accepi de vobis per hanc caucionem ad pristetum beneficium, hoc est in argento uncias tantas. In loco pignoris emitto vobis statum meum medietatem, ut in unaquisque septemana ad dies tantis, qualecumque operem legitima mihi injunxeris, facere debiammus.

Auch die veränderten Einrichtungen des Heereswesens und der Kriegsdienstpflicht, in Zusammenhang mit einer viel stärkeren Inanspruchnahme bei den vielen Kämpfen Karls des Grossen mit den Sachsen, Avaren, Normannen und in Italien, ganz abgerechnet von den Heereszügen zur Bändigung der eignen Stämme, musste zur Verarmung beitragen und das Streben wecken, sich dem Kriegsdienst zu entziehen, wozu eben wieder die Begebung in persönliche Dienste eines Grundherrn das geeignetste Mittel war. Wie die Grundherren durch die schwere Bedrückung der kleinen Freien mit Kriegsdiensten vielfach zu Grundbesitz kamen[11]), so gelang es ihnen oft auch auf diesem Wege, den Kreis ihrer hörigen Leute zu erweitern. Denn Knechte, auch wenn sie Land besassen, waren nicht dienst-

*) Vgl. Decr. Tass. Niuh. c. 9. Form. Andeg. 2 (Roz. 48).

pflichtig; ja selbst, wer sich seines Eigengutes entäussert hatte, nahm eine Freiheit von der Kriegsleistung in Anspruch*). Es waren aber nicht die gesetzlichen Bestimmungen über die Kriegsdienstpflicht allein, oder doch vorwiegend, welche diese Last für den kleinen Freien so drückend machten. Wohl ist die oftmals geforderte Entfernung des Hauptes einer kleinen Wirthschaft und der Aufwand, den der Pflichtige selbst für seine Ausrüstung machen musste, um so fühlbarer und schwerer empfunden worden, je grösser die Anforderungen waren, welche eine gesteigerte Production und eine complicirtere Wirthschaftsführung gerade an den kleinen Betrieb stellte. Aber doch erleichterte gerade Karl der Grosse in Cap. de exerc. promov. 803 (LL. I, 119) diese Pflicht dadurch, dass er nur den Besitzer von 4 Mansen zum Ausrücken verpflichtete, den kleineren Grundbesitzern aber ein Zusammenstehen zur Erfüllung ihrer Verpflichtung erlaubte. Auch gestattete er, dass von den homines casati eines comes je zwei für die Bedienung seiner Frau, und je zwei für die Versorgung der einzelnen ministeria, welche der comes auf seiner Herrschaft und in seinem Amte eingerichtet hatte, zurückbleiben können. Cap. 803, c. 4 (LL. I, 119); Cap. Bonon. 811, c. 9 (LL. I, 173).

Viel mehr dagegen, als die bloss gesetzliche Kriegsdienstpflicht bewirkte die den Grafen und Senioren eingeräumte Heerbanngewalt eine massenhafte Ergebung in ihren Dienst. Denn es lag in ihrer Hand, den Einzelnen zu Hause zu lassen oder in den Krieg zu schicken, je nach Gunst und Laune; so sagt das Cap. de exped. exerc. 811 (LL. I, 168) c. 4: quod episcopi et abbates sive comites dimittunt eorum liberos homines ad casam in nomine ministerialium. c. 5: dicunt etiam alii, quod illos pauperiores constringant et in hostem ire faciant et illos qui habent quod dare possint, ad propria dimittunt. Mit dieser willkürlichen Vertheilung dieser schwersten Last, welche auf den freien Grundbesitzer drückte, konnten sie sich einen persönlichen Einfluss erringen, wie er weder durch Reichthum noch durch Ansehen zu erlangen war; wer klug war, drängte sich an die Gunst dieser Gewaltigen heran, und sie war am sichersten durch Ergebung in ihren persönlichen Dienst und durch Uebertragung des Grundbesitzes zu erlangen. So heisst es in dem Heberegister von Werden aus dem 9. Jahrhundert (Lacombl. Archiv II, 227 f): Temporibus regis Caroli iunioris venit quidam homo liber et tradiderunt se ipsos ad S. Liudgerum . . . ut de cetero liberi permaneant.

Cap. 811 (LL. I, 169) c. 8: Alii vero sunt, qui ideo se commendant ad aliquos seniores, quos sciunt in hostem non profecturos.

Wer aber seine Freiheit auch unter dieser Ungunst der

*) S. i. A. Waitz IV, 452 ff.

Verhältnisse zu behaupten versuchte, der konnte es leicht empfinden, wie schwer es war, den Vergrösserungsbestrebungen seines Seniors oder des Grafen zu widerstehen, der über den Gau gebot. Es spricht sich darüber aus das Cap. de exped. exert. 811 (LL. I, 168) c. 3: dicunt etiam, quod quicunque proprium suum episcopo, abbati vel comiti, aut iudici vel centenario dare noluerit, occasiones quaerunt super illum pauperem, quomodo eum condempnare possint, et illum semper in hostem faciunt ire, usque dum pauper factus, volens nolens suum proprium tradat vel vendat; alii vero qui traditum habent, absque ullius inquietudine domi resideant.

So sind tiefgreifende Wirkungen, welche von der Wehrpflicht auf die Vertheilung des Grundbesitzes und die persönlichen Verhältnisse der kleinen Freien zu den Grundherren ausgingen, unverkennbar, wenn es auch nicht gerechtfertigt ist, darin allein den Schlüssel zum Verständniss dieser Veränderungen in der Karolingerzeit zu suchen*). Und was die Kriegsdienstpflicht nicht bewirkte, das mochte oft durch die Verwüstung der Ländereien erzielt werden, für welche der kleine Grundbesitzer von keiner Seite her Ersatz zu erhalten vermochte, wenn nicht der oberste Kriegsherr selbst seine Hand aufthat[12]).

Aber auch sonst war das Bedürfniss nach individuellem Rechtsschutz ein allzeit wirkendes Motiv für die Vergabung in Dienst und konnte es um so leichter sein, als der freie Kleinbesitzer doch schon nur mehr als mediocris angesehen und geachtet war, seine sociale Geltung also dadurch wohl gar nicht weiter herabgedrückt wurde, dass er nun auch rechtlich von den Grossen und vermögenden Freien unterschieden wurde**).

Auch specielle wirthschaftliche Zwecke wurden mit der Ergebung in den Dienst eines Grundherrn verfolgt, und solche Motive zeigen, wie wenig Werth vielfach schon auf die Vollfreiheit gelegt wurde und wie stark schon andere, besonders rein ökonomische Interessen bei der Masse der kleinen Grundbesitzer überwogen. Um sich besser arrondiren zu können (Tr. Wizz. 808, Nr. 19 u. o.), um Geld und Pferde zu einer Reise zu bekommen u. dgl. wurde der Besitz ganz oder theilweise aufgetragen, und damit auch der Kreis der dienenden Arbeitskräfte für die grossen Grundherren erweitert. So heisst es in Tr. Fris. 846 (Meich. I^b 660): et annuatim ad itinera diversa aut in hostem aut alicubi caballum unum prestare. Auch Tr. Wizz. 739, Nr. 11. — Tr. Sang. 744 I, Nr. 10; 855, II, 441.

Zu Gunsten der kirchlichen Grundherrschaft wirkten über-

---

*) Wie z. B. Hüllmann, Stände, S. 211, und viele ältere Schriftsteller.
**) Vgl. bes. Waitz II, 207.

diess noch eine grosse Menge besonderer Umstände. Die Tradition eines Gutes und die persönliche Uebergabe in den Dienst einer Kirche oder eines Klosters galten immer als ein gottgefälliges Werk. Hoffnungen für das Seelenheil und Erlösung von den zu erwartenden Strafen eines sündhaften Lebens waren eben so häufig Veranlassung zu solchen Uebergaben, wie die von der Kirche versprochene Einschreibung in den liber vitae, z. B. Tr. Wizz. 724, Nr. 18, 742, Nr. 7. 15. 52, die Gewährung einer Begräbnissstätte oder eines Jahrtags und der Abhaltung besonderer Gottesdienste, Trad. Wizz. 714, Nr. 41. Auch die Aufnahme in das Kloster selbst hatte meist die Uebergabe des Grundbesitzes mit den Leibeignen zur Folge Tr. Wizz. Nr. 41, und die von der Kirche gewährte Unterstützung in Fällen der Noth oder Pflege der Waisen wurde durch Schenkungen und Uebertragungen vergolten, Tr. Wizz. 693 nr. 38.

Die Kirche verstand es aber auch besonders, die Anzahl ihrer dienenden Leute durch eine Menge von Vortheilen zu vermehren, die sie ihnen bot; sie pflegte das Asylrecht, um den Knecht, der ein Vergehen sich zu Schulden kommen liess, vor der Wuth seines Herrn zu schützen; sie veranlasste die Grundherren zur Freilassung ihrer Leibeignen gegen die blosse Verpflichtung dieser zur Wachszinsigkeit oder zu bestimmten Geldleistungen an die Kirche (Tr. Sang. 784, nr. 101, — ib. 807 nr. 197); sie beschränkte den Handel mit Leibeignen im wohlverstandenen eignen Interesse und knüpfte dadurch, sowie durch ihre Gepflogenheit, die Leibeignen durchweg auf Zinsgüter zu setzen und dadurch mit dem Boden, den sie bebauten, enger zu verbinden, auch das Band der Anhänglichkeit derselben an die Herrschaft enger, als es in dieser Zeit auf den Besitzungen der weltlichen Grossen die Regel war. Auch wusste sie schon bei den späteren Redactionen der Volksrechte, wie noch mehr in den Capitularien besonders günstige Bestimmungen in Betreff der Schenkungen an die Kirche zu erlangen, wenn wir auch nicht mehr in der Weise älterer Schriftsteller, alle Bestimmungen der Volksrechte über Theilbarkeit, Veräusserlichkeit und Vererbung des väterlichen Besitzes als unter dem eigennützigen Einflusse der Geistlichkeit entstanden annehmen*). Aber auch die weltlichen Grundherrn verstanden sich darauf, den Eintritt in den herrschaftlichen Verband so leicht als möglich zu machen. Die ältesten Verleihungen von Grund und Boden zu Beneficium sind zumeist ohne bestimmte Zinsverpflichtung ertheilt, nur der Heimfall nach dem Tode oder nach Ablauf mehrer Generationen und eine allgemeine Pflicht der Ergebenheit des Beliehenen war die Gegenleistung; und

*) Siehe z. B. Hüllmann, Stände S. 118.

bei der Auftragung von Grundbesitz und Rückempfang zu abhängigem Besitz konnte ein Wiedereinlösungsrecht vorbedungen und dieses sogar unter den Schutz des Volksrechts gestellt werden; so in Cap. 819, c. 4. Cap. 817, c. 4 (LL. III, 214). Auch gaben die Neubrüche und sonst verfügbaren Ländereien leicht Gelegenheit, dem landlos gewordenen Freien gegen Ergebung in den Dienst eine Hufe zu selbständiger Bewirthschaftung zu übergeben, wie diess aus vielen Urkunden erhellt, wo solches Neuland mit Häusern und Knechten geschenkt wird. Vgl. Cap. Aquisgr. 813: ubicunque invenient utiles ullos homines, detur illis silva ad stirpandum. Auch Tr. Laur. 249. Tr. Fuld. 826, nr. 465.

Aber freilich nicht immer verblieb es dabei, dass die Reichen ihre wirthschaftliche Ueberlegenheit und bessere Organisation dazu benutzten, um die Anzahl ihrer Untergebenen durch freien Vertrag mit Schwächern zu vermehren. Das ungemessene Streben nach Erweiterung ihrer Herrschaft ging nicht selten über das erlaubte Mass der Geltendmachung des organisatorischen Princips der herrschaftlichen Gewalt hinaus; die Concurrenz in diesem gleichartigen Bestreben der Grossen erzeugte in jedem versäumten Augenblicke für jeden grössern Grundbesitzer die Gefahr, von seinen Standesgenossen überflügelt und am Ende gleicher Unterwerfung zugeführt zu werden, wie er sie selbst den kleinern Grundbesitzern zugedacht hatte. Und so wurde man in der Wahl der Mittel immer weniger wählerisch und griff schliesslich zu brutaler Gewalt, wo die Macht der Verhältnisse an sich nicht stark genug war, den Process der Unterwerfung in hinlänglich kurzer Zeit ausführen zu können. Schon die Benutzung der Noth und des Mangels, um die Aermern zu freiwilliger Unterwerfung unter den Herrschaftswillen der Grossen zu bestimmen, hat nicht immer das in der ökonomischen Lage immerhin berechtigte Mass eingehalten. Es sind in den Urkunden jener Zeit gar manche Thatsachen verzeichnet und sogar durch Capitularien bestätigt, welche eine schonungslose Ausbeutung der Schwächern durch die Stärkern und ein nicht unbeträchtliches Wachsen der grossen Grundherrschaften gerade aus diesem Vorgehen erkennen lassen.

Nicht bloss, dass commendirte Freie mit Lasten und Diensten beschwert wurden, welche ursprünglich in dem Verhältnisse der Commendation nicht begründet waren, so dass wohl das Recht der Nachkommen bereits so sehr verdunkelt war, dass sie Ansprüche auf den väterlichen Grundbesitz nicht mehr wirksam geltend zu machen vermochten*); wir hören auch von gewaltsamer und betrügerischer Weise, die zur Erweite-

*) Vgl. Waitz IV, 284.

rung des Besitzthums auf der Tagesordnung stand und durch keine Untersuchungen der Missi, durch keine Verbote der Capitularien aufzuhalten war. Den Laien mochte das zumeist allerdings nur dann gelingen, wenn sie zugleich eine obrigkeitliche Gewalt, als Grafen, Vicare, Centenare etc. sich zu verschaffen wussten (s. u.). Doch spricht das Cap. 805, c. 16 (LL. I, 134) ganz allgemein von ihnen: De oppressione pauperum liberorum hominum, ut non fiant a potentioribus per aliquod malum ingenium contra iustitiam oppressi, ita ut coacti res eorum vendant aut tradant. Die Kirche aber hatte ausser diesen Mitteln, die ihr ja auch oft zur Verfügung standen, noch, suadendo de coelesti regni beatitudine, comminando de aeterno supplicio inferni, Zwangsmittel, die bei den pauperes, qui simpliciores naturae sunt, selten ihren Zweck verfehlten, possessiones suas augere, quolibet modo, quolibet arte; „sic rebus suis expoliant et legitimos heredes eorum exheredunt, ac per hoc plerosque ad flagitia et scelera propter inopiam, ad quam per hoc fuerint devoluti, perpetranda compellunt, ut quasi necessario furta et latrocinia exerceant, cui paterna rerum hereditas, ne ad eum perveniret, ab alio praerepta est". (Cap. duplex Aquisgr. 811 c. 5. LL. I, 167.)

Aber auch bei den weltlichen Grossen musste diese Praxis der unfreiwilligen Tradition weit genug in Uebung gewesen sein, wenn sich Karl der Grosse bei Abfassung der Lex Saxonum zu der Bestimmung veranlasst sah: nulli liceat, traditionem hereditatis suae facere praeter ad ecclesiam vel regi, ut heredem suum exheredem faciat, nisi forte famis necessitate coactus, ut ab illo, qui hoc acceperit sustentatur (c. 62).

3.

Mit dem Erwerb von Grundbesitz zu dem ursprünglichen Erb- und Genossengute, und mit der Unterwerfung fremder Arbeit unter den einheitlichen Herrscherwillen entstand unvermerkt ein Uebergewicht Einzelner in der Gemeinde, eine ökonomische Ueberlegenheit über die Mehrzahl der gleichberechtigten Markgenossen.

Theils durch Kauf und Tausch, theils durch Auftragung und Schenkung, aber auch durch Rodung von Markland war die ursprüngliche Gleichheit der Vertheilung des Grundeigenthums, soweit sie bestand, aufgehoben und damit die alte Grundlage der Genossenschaft für immer verloren, welche nicht nur auf der Gleichberechtigung, sondern auch auf der ökonomischen Gleichwerthigkeit der Genossen beruhte. Grosse Grundbesitzer wuchsen ausserdem durch Erwerbung von Hufen und Markantheilen, deren Veräusserung niemand wehrte, in fremde Gemeinden hinein; ja es mochte wohl die Bevölkerung der Mark, welche die zunehmende Schwäche ihrer eignen

Wirthschaft empfand und von der Genossenschaft selbst keinen Schutz und keine Förderung ihrer Interessen fand, in solchen reichen und mächtigen Mitmärkern eine erwünschte Stütze erblicken und diesen Zuwachs zur Genossenschaft nicht ungern sehen, wie es z. B. in den Acta fundationis Murens. bei Hergott I, 324 (freilich einer spätern Zeit angehörig) heisst: aestimantes autem quidam liberi homines, qui in ipso vico erant, benignum et clementem illum (praepotentem) fore, praedia sua sub censu legitimo illi contradiderunt, ea conditione, ut sub mundiburdio ac defensione illius semper tuti valerent esse.

Aber es war nicht denkbar, dass diese wirthschaftlich den übrigen so sehr überlegenen Märker sich einfach in die bestehende Ordnung der Dinge fügten. Zwar gab ihnen die herrschende Gepflogenheit, den Antheil an den Marknutzungen nach dem Hufenbesitz (juxta formam hovae plenae) zu bestimmen, schon ein natürliches Uebergewicht in Ausbeutung der ökonomischen Vortheile, welche der Markverband gewährte; und wo ein Grundherr einmal die Mehrzahl der Hufen einer Gemarkung in seine Botmässigkeit gebracht hatte, war dieses Uebergewicht von einer vollständigen Beherrschung des ökonomischen Inhalts der Markgenossenschaft nicht mehr erheblich verschieden. Mochte der Grundherr nun diese Hufen selbst bewirthschaften oder mit Colonen und Zinsleuten besetzen, immer konnte er doch über die Markgründe der Hauptsache nach verfügen und damit seine organisatorischen Wirthschaftspläne verwirklichen, soweit sie sich auf die Dienstbarmachung des Bodencapitals und seiner Nutzungen, sowie auf die Gliederung seiner Güter und die Anordnung des landwirthschaftlichen Betriebs bezogen. Und zur vollständigern Erreichung dieses Ziels dienten alle Mittel, die mit dem Reichthum zur Verfügung waren; durch seine Dienstleute, seine Colonen und Ergebenen (amici) liess der Grundherr im Markwalde roden und konnte dadurch den Herrnhof vergrössern, wie er Gelegenheit zur Anlegung neuer Zinseshufen fand; in kluger Benutzung der Nothlage seiner Nachbarn konnte er mit seinem Gelde freie Bauernstellen auskaufen, mit seinem Ueberschuss an Producten um den Preis der persönlichen Ergebung Unterstützungen gewähren; durch Arrondirung mit benachbarten Grossgrundbesitzern die Anzahl der mächtigern Märker in seiner Gemeinde verringern und sich selbst auf solche Weise immer mehr zum allein Mächtigen in der Gemarkung machen.

Aber immerhin stand er doch noch neben andern Markgenossen, die social gleichberechtigt waren bei allem Unterschied des Vermögens und der wirthschaftlichen Kraft; und leicht war es möglich, dass diese, ihr numerisches Uebergewicht benutzend, dem einen Reichen unbequem wurden, ihm nicht nur seine organisatorischen Pläne durchkreuzten, sondern ihn sogar durch ihre Mehrheitsbeschlüsse ausbeuteten, wo in der Markgenossenschaft irgend ein gemeinsames Vorgehen mit Rücksicht auf das allgemeine Wohl versucht wurde.

Wie schwach auch immer diese Aeusserungen eines Gemeingeistes in der Markgenossenschaft jener Zeit sind, wir dürfen sie bei der Einfachheit der Verhältnisse doch nicht unterschätzen; und es ist begreiflich, dass die Grundherrn immer mehr mit klarem Bewusstsein des Zieles die Ordnung des herrschaftlichen Verbandes an die Stelle des markgenossenschaftlichen zu setzen bestrebt waren. Allein und ausschliesslich wollten sie in der Mark zu befehlen haben, wo doch, wenn sie nur wollten, Alles ihrer factischen Macht sich beugen musste.

Vielfach mochte dieser Uebergang der alten Markverfassung in die Hofverfassung auf ganz geordnetem Wege sich vollziehen, wenn, wie das häufig war, durch Verträge das ganze Markgebiet in die Herrschaft eines Grundherrn gekommen war; aber nicht immer ist Zwang und Gewalt dabei vermieden worden, die sich der Natur der Sache nach zunächst gegen Weide und Wald richteten, dann aber auch die Güter selbst nicht unverschont liess. Das Cap. 850, c. 5 (LL. I, 406) berichtet: Hoc etiam multorum querellis ad nos delatum est, quod potentes et honorati viri in locis, quibus conversantur, minorem populum depopulentur et opprimant et eorum pascua depascant; mansiones etiam contra voluntatem privatorum hominum sive pauperum in eorum domibus suis hominibus disperciant, eisque per vim quaelibet tollant. Unde praecipimus, ut hoc ulterius non fiat, sed unusquisque honoratus noster se suosque ex suo pascat. — Das Kloster St. Gallen hatte im obern Rheingau de legitimis curtilibus talem usum, qualem unusquisque liber homo de sua proprietate juste et legaliter debet habere. Als aber ein Graf von Linzgau von König Arnulf daselbst die curtis Lustenau erworben hatte, liess er auch dem reichen Kloster diese Marknutzung nicht mehr als ein freies Markrecht gelten; usus omnes, quos in eodem pago habuimus, idem comes cum sua ditione nobis auferre et nihil nobis neque in Lustenowe neque circumquaque in prescripto pago nisi sub conductione (conditione!) fruendum voluit concedere, etiam tegulas, quas fissas habuimus ad tegendum S. Galli basilicam, vi abstulit et super domum suam in Lustenowa imponere jussit (Tr. Sang. 890 II, 680).

Aber auch, wo ein Grundherr nur in fremder Gemarkung Besitz erwarb, machte er sofort seine Macht geltend, und bedang sich neben dem gemeinen Marknutzen, der ihm nach Massgabe seiner Hufen in der Mark zukam, besondere Vortheile. So hatte das Kloster St. Gallen schon zu Zeiten Ludwigs des Frommen mit seinem Besitz im Rheingau ausser dem usus des liber homo de sua proprietate auch noch weitere Rechte erworben: in usus monasterii, prout opus erat, ad aquaeductus et ad tegulas ligna in predicto pago succidimus et exinde ad monasterium deferebamus et nihilominus navalia ligna ibi succidimus ad necessaria nostra per lacum asportanda, insuper et grex porcorum de monasterio ad eundem saltum deducebatur ad pastum (Tr. Sang. 890 II, 680).

Für die ökonomischen Interessen des Haupthofes wurden auf solche Weise alle Marken dienstbar, in denen der Grundherr Märker war, auch wenn der Haupthof nicht in der Mark lag. Bald erschien die Mark als ein ausschliessliches oder doch vorzügliches Object der grossen Grundherrn; den Mitmärkern liessen sie einen Antheil an der Nutzung immer mehr nur unter dem Titel einer freiwillig zugestandenen Nutzung. Diese Umwandlung der Rechtsanschauung oder wenigstens der factischen Uebung des Rechtes ist im 9. Jahrhundert schon so allgemein geworden, dass sie vielfach in Formeln Ausdruck fand. Eine formula Salomonis (Bischof von Constanz im 9. Jahrhundert) c. 5 (Rockinger p. 197) enthält die Bestimmung: ut eadem possessio solis regibus hereditario iure subiecta sit in perpetuum, et nullus de pagensibus ibi aliquid commune habeat, nisi forte precario. Aehnlich heisst es in einer altalamannischen Formel des ausgehenden 9. Jahrhunderts (Wyss nr. 9, S. 32): conventus . . pro quadam silva vel potius saltu . . . utrum et ceteri cives in eodem lignorum materiarumque caesurum pastumque vel saginam animalium habere per suam auctoritatem an ex eiusdem loci dominis precario deberent. Tunc . . . 10 primores de comitatu et alii 7 de comitatu N, 6 que alii de comitatu N., qui vicinos esse videbantur, diviserunt eundem saltum hoc modo, ut de fluvio . . . proprie pertinere deberent et nullus in eisdem locis aliquem usum habeant nisi ex permisso rectorum eiusdem sancti loci, deorsum versus . . . . omnes illi pagenses similiter sicut familia sancti illius usum habeant cedendi ligna et materies, saginamque porcorum vel pastum peccorum.

Durch ihre Wirthschaftsbeamten fingen die Grundherrn an, die Marknutzung zu regeln, was die freie Genossenschaft nur zu sehr unterlassen hatte. Die obige alamannische Formel setzt desshalb bei: eo tamen pacto, ut forestarius sancti ipsius eos (pagenses) admoneat et conveniat, ne immoderato ruendo arbores glandiferas et sibi nocui et sancto loco inveniantur infesti. Ihre Heerden unterstellten sie nicht mehr dem Gemeindshirten, sondern machten von dem Volksrechte Gebrauch, das für grössere Viehbestände eines Gutes eigne Hirten zuliess; L. Alam. tit. 81 c. 2 (LL. I, 73) legitimus pastororium octuaginta capita in grege habet. Wo aber ein Widerspruch der Märker gegen solche ausschliessliche Verfügung eines Grundherrn über die Mark sich geltend machte und zum Rechtsstreite drängte, da wusste jener leicht die Entscheidung zu seinen Gunsten zu leiten; waren ja doch die Schöffen aus den unteren Ständen selbst nicht unabhängig von seinem Einflusse, oder er war, etwa als Graf oder Centenar Richter und Partei zugleich in dieser Sache.

Aber immerhin verblieben die Grundherrn zunächst in dem Markverbande, dem sie nach Massgabe ihres Hufenbesitzes zugehörten. Eine Ausscheidung aus demselben, die mit dem Verzicht auf den Gemeinnutzen verbunden gewesen wäre, ist sicherlich in den Anfängen dieser ganzen Entwickelung selten vorgekommen, bevor die politische Immunität sich einbürgerte. Das Interesse der Grundherrn war vielmehr auf Erhaltung des Markverbandes gerichtet, in dem diese ungleich grössere Vortheile ziehen, ungleich stärkern Einfluss auf die Bevölkerung ausüben konnten, als von dem abgeschlossenen Herrenhofe aus, wo die Grenze ihrer factischen Herrschaft mit der Grenze ihrer Berechtigung zusammenfiel. An Belegen für dieses Verbleiben der Grundherrn im Markverbande sind die Urkunden des 9. Jahrhunderts reich genug; denn alle Güterübertragungen der Grossen eines Volkes, bei denen zugleich die Berechtigung im Marklande als Pertinenz angeführt ist, bezeugen uns die Fortdauer dieses Zustands; vgl. auch Abschn. I, S. 17. Noch in den Acta fund. Mur. (Hergott I, 324) ist die Rede von einem praepotens vir, habens multas possessiones et ibi et alibi vicinorum suorum rebus inhians.

Wohl hat sich schon frühzeitig das Princip der herrschaftlichen Organisation in der Markgenossenschaft festgesetzt und jene eigenthümliche Mischung des genossenschaftlichen und des herrschaftlichen Elements hervorgebracht, welche für das Verständniss jener Zeit und ihrer urkundlichen Nachrichten so besondere Schwierigkeiten erzeugt*). Aber nur durch das lange Verbleiben der Grundherrn im markgenossenschaftlichen Verbande erklärt sich vollständig die im 9. Jahrhundert sich vollziehende Umwandlung der Markgenossenschaft in eine Hofgenossenschaft, d. h. die Uebernahme des genossenschaftlichen Moments in den Herrschaftsverband, wodurch eine vollkommen neue Ordnung der volkswirthschaftlichen und gesellschaftlichen Zustände herbeigeführt wurde, die als eine der wesentlichsten Leistungen der Grundherrn für die Hebung des socialen Lebens angesehen werden muss.

Die Einforstungen in der Karolingerzeit waren der erste durchgreifende Schritt zur Ausscheidung aus dem Markenverbande; aber auch sie waren vielfach nur eine Form der Umgestaltung markgenossenschaftlicher Rechte in grundherrliche Gewalt; und den hofhörigen Grossen verblieben im Wesentlichen dieselben Rechte am Walde, die sie früher gehabt

---

*) Vgl. insbes. die Ausführungen von Maurer, Gesch. der Dorfverfassung I, p. 12 f., 79 f. und Gierke, Rechtsgeschichte der Genossenschaft, I, 202 f., über die sogen. gemischten Dorfschaften.

hatten; freilich der Rechtstitel, auf den sie sich stützen konnten, war ein grundverschiedener geworden; die Selbständigkeit ihrer Geltendmachung war verloren.

Die Karolinger, deren Verständniss für die Bedeutung der socialen Organisation durch die Grundherrschaft nicht verkannt werden kann, sahen eben desshalb diesen Anfang einer Ausscheidung nicht eben gerne und suchten seinem Umsichgreifen zu wehren. Das Capit. Aquisgranense 817 bestimmt in seinen Capitula per se scribenda c. 7 (LL. I, 215): De forestibus noviter institutis ut quicunque illas habet, dimittat. Und im Capit. missorum c. 22 (LL. I, 218) wird befohlen: ut comitibus denuntient, ne ullam forestem noviter instituant; et ubi noviter institutas sine nostra iussione invenerint, dimittere praecipiant [13]).

Auch Jagd, Fischerei und Mühlenrecht — alte markgenossenschaftliche Rechte — erwarben die Grundherrn in ihren Waldungen und auf ihren Besitzungen und bereiteten auch dadurch die Loslösung vom Markenverbande weiter vor; so spricht die Urk. 802, Beyer I, 45: hanc forestam quam legali more S. Petro tradimus per bannum nostrum omnibus prohibemus ut nemo successorum nostrorum regum vel quaelibet alia persona bestiam in ipsa capere quacunque venationis arte absque licentia.

Aber erst mit der politischen Immunität der Grundherrschaften, die sich als letzte Consequenz aus der Präponderanz in der Genossenschaft, aus dem Seniorate und der Vassallität ergab, trat auch der herrschaftliche Verband mit entscheidender Bedeutung an die Stelle des ungleich losern und daher auch weniger leistungsfähigen und weniger werthvollen Verbands der freien Markgenossenschaft.

4.*)

Mit dem Uebergewicht des Grossgrundbesitzes in den Markgemeinden war auch die politische Organisation angegriffen.

Denn die Cent war das unterste Organ einer politischen Verwaltung für Rechtspflege, Polizei und Heereswesen und die Wahl des Centenarius lenkte sich fast unwillkürlich auf Denjenigen, der es verstanden hatte, in der Gemeinde sich zum massgebenden Manne zu machen.

War er etwa auch noch Herr der Centalmende geworden, dann fehlte diesem Organ einer freien Selbstverwaltung des

---

*) Vgl. i. A. die Abhandlungen von Kaufmann über die Secularisationen und die Entstehung der Vassallität in Hildebrands Jahrbüchern für Nationalökonomie, Bd. 22 u. 23.

Volkes jeder Halt und immer mehr drängte das Verhältniss nach einer durchgreifenden Umgestaltung der Befugnisse.

Selbstverständlich in noch höherem Grade war das der Fall, wo sich besonders Reiche in einem ganzen Gau zu dieser ökonomischen Uebermacht entwickelten; sie griffen geradezu zersetzend in das alte politische Gaugrafenthum ein. Die seit Alters bestehenden Grundsätze über öffentliche Aemter waren diesem Streben der Grundherrn nach öffentlicher Gewalt durchaus nicht entgegen.

Wenn ein Edikt Chlotachars II c. 12 (LL. I, 15) vorschreibt: ut nullus judex de aliis provinciis aut regionibus in alia loca ordinetur; ut si aliquid mali de quibuslibet conditionibus perpetraverit, de suis propriis rebus exinde, quod male abstulerit, juxta legis ordinem debeat restituere, so beförderte das nicht bloss die Wahl gerade grösserer Grundbesitzer, gegen welche solche Ansprüche besser als gegen wenig Besitzende geltend gemacht werden konnten, sondern geradezu die Erblichkeit der Aemter in den begüterten Geschlechtern, welche in der Karolingerzeit schon ungleich häufiger als unter den Merowingern wurde*).

Die ökonomischen Vortheile, welche die Aemter boten, waren ein besonderer Anziehungspunkt dabei. Den Grafen fiel nach altem Beamtenrechte eine Quote der Friedensgelder zu ($^1/_3$ nach Cap. 783 c. 5, LL. I, 46). Der judex bei den Baiern bezog $^1/_9$ der Composition; und die Erhebung der Gerichtsgelder und andrer königlicher Einkünfte, die ihnen zugewiesen war, blieb sicherlich auch nicht ohne materielle Vortheile. Vgl. L. Baj. XIII, 2. 3.

Dazu kam nun aber, wenigstens für den Grafen, dass er regelmässig königliches Gut als Belohnung für den Dienst empfing, den er als öffentlicher Beamter leistete. Die Erlangung einer solchen Stellung befestigte also vor Allem das ökonomische Uebergewicht in einer grössern Gegend noch erheblich**). Aber auch die persönliche Verfügung über Dienste stand damit in Verbindung, nicht bloss, was sich von selbst versteht, über Colonen und Hörige, sondern auch über Freie. Denn was jeder Freie dem König leisten musste, Heerdienst, Wachdienst und Baudienst, das nahm leicht auch der Graf für wirkliche oder angebliche Zwecke des Grafenamtes in Anspruch; ja selbst eine Verfügung der Grafen über die heerbannpflichtige Mannschaft ihres Gaues für ihre eignen Streitigkeiten ist in jener Zeit nahe gelegen. Vgl. Cap. 803 c. 17 (LL. I, 121) Ut liberi homines nullum obsequium comitibus faciant nec vicariis, neque in prato, neque in messe, neque in

---

*) Waitz II, 377 ff.
**) Waitz II, 246. 375. 450.

aratura aut vinea, et conjectum ullum vel residuum eis resolvant (ne solvant?) excepto servitio quod ad regem pertinent et ad heribannatores vel his qui legationem ducunt. Auch Cap. de Vill. c. 11 ut nullus iudex mansionaticos ad suum opus nec ad suos canes, super homines nostros atque in forestes (forenses?) nullatenus prendat. Damit hängt vielleicht auch die Vorschrift des Cap. de Villis c. 60 zusammen: nequaquam de potentioribus hominibus maiores fiant (iudices) sed de mediocribus, qui fideles sunt.

Waren es nun zunächst diese unmittelbaren Vortheile des Amtes, welche dasselbe den Grossgrundbesitzern begehrenswerth erscheinen liessen, so sind die mittelbaren Vortheile in nicht geringerem Grade für dieses Streben massgebend gewesen. Das Amt brachte einerseits mit dem König in Verbindung und gar mancher Nutzen konnte daraus erwachsen. Anderseits war der Grundherr, der zugleich ein Amt bekleidete, ein vorzüglicher Gefolgsherr, wie auch Auftragungen und alle Formen abhängigen Besitzes bei ihm am besten geschützt erschienen. Ja es konnte bald so weit kommen, dass nur Derjenige sich sicher fühlte vor Gewalt und Bedrückung, der sich dem Grafen und dem Centenar, dem Immunitätsherrn oder seinem Advocaten commendirt und sein Besitzthum ihnen aufgetragen hatte; man wählte eben das kleinere Uebel der Minderung persönlicher Freiheit und der persönlichen Dienstbarkeit, um dem grössern Uebel der Verarmung zu entgehen, das Diejenigen bedrohte, welche den ungleichen Kampf mit der ökonomischen Ueberlegenheit und amtlichen Gewalt der Grundherrn aufnahmen. Was wir über diese Vorgänge durch die Capitularien und Urkunden hören, lässt keinen Zweifel darüber aufkommen, dass die missbräuchliche Anwendung der öffentlichen Gewalt durch die verschiedensten Träger derselben ganz erheblich zu der raschen Ausbildung grosser Grundherrschaften und zur Umbildung der socialen Verhältnisse beigetragen hat. Im Capit. de exped. exerc. 811 c. 2 (LL. I, 168) wird es laut: Pauperes se reclamant expoliatos esse de eorum proprietate et hoc aequaliter clamant super episcopos et abbates et eorum advocatos et super comites et eorum centenarios. Besonders deutlich aber schildert die Vorgänge das folgende Capitel (ib. c. 3): Dicunt etiam, quod quicumque proprium suum episcopo, abbati vel comiti aut iudici vel centenario dare noluerit, occasiones quaerunt super illum pauperem, quomodo eum condempnare possint et illum semper in hostem faciant ire, usque dum pauper factus, volens nolens suum proprium tradat aut vendat; alii vero qui traditum habent absque ullius inquietudine domi resideant. Und das Cap. von 847 c. 22 (I, 190) sagt: ut comites vel vicarii aut centenarii sub malo occasione vel ingenio res pauperum non emant nec vi tollant; sed quisque hoc comparare voluerit, in publico placito coram episcopo fiat. Auch erzählt uns eine Urkunde von 803—810 (bei Chabert, Bruchstück III, 126) von dem istrianer dux Johannes: Postquam Joannes devenit in ducatu, ad suum opus istos solidos (Fiscaltribut) habuit et non dixit justitia palatii fuisset .. divisit populum inter filios et filias vel generem suum*). So musste schon Thegan in der Vita Hludovici c. 13 (SS. II, 593) berichten, dass die missi egressi invenerunt innumeram multitudinem oppressorum aut oblatione patrimonii aut expoliatione libertatis; quod iniqui ministri, comites et locopositi per malum ingenium exercebant.

Aber nicht bloss gegen die kleinen Freien wendete sich diese Gewalt und Eigenmacht der Grafen und Beamten; auch die Kirche, besonders das Besitzthum der Klöster blieb nicht frei von solchen Erfahrungen. Mögen auch immerhin die Klagen, welche aus klösterlichen Urkunden uns so oft entgegentönen, nicht immer begründet, oft nur dazu bestimmt sein, ähnliches Unrecht, das von diesen selbst ausging, zu verdecken, so wird doch gewiss auch so manche Aneignung von Kirchengut durch die weltlichen Grossen als wirkliche Gewaltthat und Unrecht bestehen bleiben**).

Die Verleihung von Königsgut war für die Grafen und Reichsbeamten ungleich leichter zu erreichen; sie waren in der Lage, dem König manchen besondern Dienst zu leisten, seine Einkünfte zu mehren etc.; ja er war zum guten Theil von ihren Diensten abhängig, besonders in Austrasien, wo es erst galt, einen festen Reichsverband auf Grundlage des Beamtenthums herzustellen. Aber auch die erleichterte Zugänglichkeit des unmittelbaren Königsdienstes, die Aufnahme in die Trustis, in das königliche Mundium, als Kronvassall etc. begünstigte dieses Bestreben, wie es anderseits dadurch leicht wurde, Aemter zu erhalten [14]).

Und auch hier war das Recht, das sie doch so freigebig erhielten, bald keine Schranke mehr für ihre ungemessene Habsucht. Das Cap. duplex ad Niumagam 806 (LL. I, 144) lässt es deutlich ersehen; auditum habemus, qualiter et comites et alii homines, qui nostra beneficia habere videntur, conparant sibi proprietates de ipso nostro beneficio et faciant servire ad ipsas proprietates servientes nostros de eorum beneficia et curtes nostras remanent desertas et in aliquibus locis ipsi vicirantes multa mala paciuntur (c. 6). Audivimus quod aliqui reddunt beneficium nostrum ad alios homines in proprietatem et in ipso placito dato pretio conparant ipsas res iterum in

*) Vgl. auch noch viele andere Belegstellen bei Hüllmann Stände S. 215. Maurer, Einleitung S. 210. Waitz IV, 284 f. Ausserdem auch die Stellen S. 56, 58 fg. u. S. 62.

**) Vgl. hiezu Hüllmann Stände 125. Oelsner, Fränkische Jahrb. unter Pipin, 1871. S. 330 f.

alode sibi (c. 7). Es dauerte nicht lange, bis die Vassallen und Ministerialen der grossen Grundherrn dieses Geschäft eben so gut verstanden. Dass es die advocati mit dem ihrer Verwaltung anvertrauten Kirchengute ebenso machten, ersehen wir z. B. aus der Urk. von 821 (Eichhorn Urk.-B. 13), in welcher der Bischof von Chur über seinen Vogt Roderich wegen vielfacher von diesem verübter Gewaltthaten klagt. Vgl. auch Meichelb. I^a, 85.

Es war System in dem ganzen Verfahren. Die Grossgrundbesitzer wussten sich unentbehrlich zu machen für die organisatorischen Zwecke der fränkischen Könige; diese konnten die Dienste ihrer Getreuen nicht anders als durch Land bezahlen und dadurch stieg die Unentbehrlichkeit, da sie zugleich eine Steigerung der socialen Macht enthielt. So erschienen denn die Grundherrn nicht bloss als berufne, ja, mit Erblichwerden der Amtsbeneficien, als geborne Beamte des Reichs, sondern es musste das Gebiet der Grundherrschaft immer mehr auch mit dem Amtsgebiete zusammenfallen; die sociale Macht wurde zur politischen. Begünstigt wurde das durch die Secularisation, welche keinen andern Zweck hatte, als die Mittel zum Ausbau des Beamtensystems zu geben und durch die Verbreitung des Beneficialwesens und der Commendation an weltliche und geistliche Grosse. Letztere hatten zu den allgemeinen Vortheilen, welche Grundherrn den Commendirten und Abhängigen bieten konnten, noch die besondern Segnungen der Kirche und Vertröstungen auf einen Lohn nach diesem Leben als Aequivalent zu bieten und waren eben damit so begünstigt, dass die Secularisation nur als eine Art Gegengewicht, aus dem politischen Interesse der Könige entsprungen, erscheinen konnte. Ja sie ist zum Theil keine ausserordentliche, gegen den Besitz der todten Hand gerichtete Massregel; denn ebenso gut gegen weltliche Grundherrn erlaubten sich die Könige solche Eingriffe und nahmen ihnen Besitzthum, das sie ihnen zuerst unter andern Voraussetzungen verliehen hatten.

Der Abschluss dieser ganzen Bewegung, die Erwerbung der Immunität, war darnach nur eine rechtliche Anerkennung einer längst vorhandenen Thatsache.

Schon lange war der Zustand vorbereitet, wonach alle, die in irgend welchem Abhängigkeitsverhältniss zu einem Grundherrn als Schutzhörige oder Leibeigne, coloni, servi, mancipia casata und non casata waren, vom Standpunkte des Grundherrn aus als eine geschlossene Macht erschienen, auf deren persönliche Hingabe er rechnen konnte. Mochten sie im Uebrigen auch in den verschiedensten Verbindungen zur öffentlichen Gewalt und zur Markgenossenschaft stehen, so war doch das nächste und engste Band das der Grundherrlichkeit und persönlichen Ergebenheit, das Mitium. In den verschiedensten öffentlichen Angelegenheiten, beim Heerbann, bei den öffentlichen

Abgaben, bei Gericht und ungebotenem Ding machte sich das geltend; der Grundherr vertrat immer die Seinigen gegenüber den Beamten, und die öffentliche Gewalt gegenüber den Seinigen. Und zwar konnte er diese viel wirksamer zur Geltung bringen als der Graf, da ihm durch die ökonomische Ueberlegenheit und Macht Zwangsmittel zu Gebote standen, über welche jener nicht verfügte. Hatte er überdiess ein öffentliches Amt als Centenarius, oberster Märker oder gar als Gaugraf, so war die Verschmelzung der Grundherrschaft mit dem Amte fast selbstverständlich.

Das tritt zunächst deutlich hervor im Seniorate, das seinen administrativen Schwerpunkt in der Heeresverfassung, seinen ökonomischen in der Grundherrschaft hatte. In der allgemeinen Einführung des Seniorats durch Capit. 847, LL. III, 395: volumus ut unusquisque liber homo in nostro regno seniorem qualem voluerit, in nobis et in nostris fidelibus accipiat, ist nur anerkannt, dass eine andere Organisation als die auf Grundherrschaft beruhende nicht mehr möglich war.

Aehnlich aber wie das sociale Mitium das politische Seniorat, so hat die zunächst nur sociale Vassallität die politische Immunität erzeugt und damit ist die sociale Organisation der Grundherrschaft eine politische geworden. Mit dem Seniorate war schon die Möglichkeit gegeben, die öffentliche Gewalt im Staate an sich zu ziehen und den Anfang zu einem herrschenden Stande zu machen*). Aber erst mit der Vassallität entstand auch jene Loslösung der Freien von dem Reiche und die Ausbildung des Zwischenglieds der Lehnherrn, welche in der Immunität ihren politischen Ausdruck erhielt. Denn nun wurden die Freien, welche in einer Grundherrschaft ansässig waren, durch die Gerichtsherrlichkeit und Polizei- wie Heeres- und Finanzgewalt ihres Grundherrn ihm unterworfen und anderseits durch das Treuverhältniss der Vassallität ihm verbunden, während nach keiner Seite hin mehr eine unmittelbare Beziehung derselben zur öffentlichen Gewalt bestand. Und es sind Beispiele vorhanden, die uns die grosse Leichtigkeit zeigen, mit welcher Immunitäten gebildet werden konnten [15]) und wie insbesondre durch die Krongutsverleihungen und ihre Erblichkeit, durch welche die Güter so auf den Beliehenen übergingen, wie sie der Verleiher selbst besessen hatte, auch die Verbreitung der Immunitäten rasch zunahm.

Wie das auf die sociale Stellung des Grundbesitzes zurückwirkte, ist leicht einzusehen. Die natürliche Attractionskraft des grossen Besitzes war nun durch alle erdenklichen Mittel gesteigert und unaufhaltsam ging die Scheidung des herrschenden und dienenden Besitzes vor sich, bis in späterer Zeit eben

---

*) Vgl. Roth, Beneficialwesen S. 381.

aus der Vassallität wieder Gegentendenzen erwuchsen, die zur Bildung eines neuen besitzenden Mittelstandes führten, und aus der genossenschaftlichen Anlage des Herrschaftsverbandes ein neues Markgenossenthum und damit eine, wenn auch beschränkte Selbstverwaltung sich entwickelte.

IV.

Die socialpolitische Wirksamkeit der grossen Grundherrschaften.

1.

Durch eine Verkettung der mannigfaltigsten Umstände, die aber ihre letzte Ursache alle in dem embryonalen Zustande der socialpolitischen Organisation der ältesten Zeit haben, ist dem grossen Grundbesitz im Laufe des 8. und 9. Jahrhunderts die Führerrolle im Entwickelungsprocess des nationalen Lebens zugefallen. Es ist eine Frage von der allergrössten Tragweite, nicht bloss für das geschichtliche Verständniss der folgenden Periode, sondern geradezu für das allgemeine Urtheil über die Bedeutung des socialen Entwickelungsprocesses, wie die Grundherrn der ihnen zugefallenen Aufgabe gerecht geworden sind und in welcher Weise sie es verstanden haben, die Nation durch eine festere sociale Ordnung zur Erzielung grösserer ökonomischer Ergebnisse und auf dieser Grundlage zu einer höhern Stufe des Culturlebens zu befähigen.

Die Aufgabe war keine kleine, und es kann in keiner Weise angenommen werden, dass sich die Grundherrn derselben von Anfang an in vollem Masse bewusst gewesen seien. Zeigt doch selbst die karolingische Gesetzgebung, deren eminent staatsmännischer Geist nicht zu verkennen ist, neben vielen vorzüglichen socialorganisatorischen Anordnungen so manche Schwächen und Inconsequenzen, dass auch durch sie, selbst bei striktester Durchführung ihrer Ideen, das Ziel eines festern socialpolitischen Gefüges der Bevölkerung nicht erreicht worden wäre, wenn nicht die zwingende Macht der Verhältnisse selbst fördernd in derselben Richtung gewirkt hätte. Um wie viel weniger kann erwartet werden, dass die Grundherrn mit vollem Verständniss von der Nothwendigkeit einer socialen Organisation des Volkes bei ihren Massregeln zur Ausbildung und Verstärkung des herrschaftlichen Verbandes an diese Aufgabe herangetreten seien! In vielen Fällen selbst aus kleinen Verhältnissen hervorgegangen, jedenfalls aber in erster Reihe immer nur das Ziel der eigenen Unabhängigkeit und Machtbegründung im Auge, prägte sich in ihren Handlungen keineswegs eine bewusste socialpolitische Richtung, etwa wie das Programm einer herrschenden politischen Partei aus.

Aber in dem engen Kreise, den er beherrschte und dessen Verhältnisse er überschaute, brachte es sich doch bald Jeder zum Bewusstsein, dass die Wirthschaft in der weitgehenden Isolirung, in der sie sich befand, immer auf den eignen Bedürfnisskreis und die eignen Mittel beschränkt blieb, weder an dem Aufschwung des Lebens Theil zu nehmen befähigt, wie er sich anderswo entfaltete, noch im Stande, selbst einen Fortschritt der Cultur und eine Steigerung des Lebensgenusses anzuregen. Die Freiheit selbst erschien in dieser socialen Vereinsamung bald als ein wenig werthvolles Gut; und der Geschlechter- und der Markenverband waren viel zu lose, als dass sie diese zu schützen und zugleich die wirthschaftlichen Interessen der Freien zu fördern und höhere Aufgaben zu erfüllen vermocht hätten, welche eine Gliederung der Gesellschaft zu gemeinsamer Leistung, eine Arbeitstheilung auf socialer Grundlage, zur Voraussetzung hatten.

So führte doch schliesslich ein wohlverstandenes Bedürfniss die Grundherrn auf das Gebiet der socialen Organisation; sie machten die ihnen zu Gebote stehenden Mittel in gewissem Sinne zu Mitteln der Gesammtheit Derer, die sich ihrem Herrschaftswillen unterwarfen, und schufen so eine Verbindung vieler Schwachen mit einem Starken, die schliesslich zum Vortheil beider ausschlagen konnte.

Der erste Impuls dazu war nun allerdings in den meisten Fällen ein einseitig wirthschaftliches Sonderinteresse, das Streben nach hervorragender Geltung durch hervorragende Macht. Aber dem denkenden Grundherrn jener Zeit musste es bald klar werden, dass er diese ökonomische Macht nur dann behaupten und vermehren konnte, wenn er Denjenigen, die in seinem Herrschaftsverbande standen, in immer grösserem Massstabe als Quelle eigner Wohlfahrt erschien. Und dazu war die Befriedigung von Gemeinbedürfnissen, eine gemeinnützige Thätigkeit, die den Mangel einer staatlichen Gesammtleistung für das öffentliche Wohl nicht empfinden liess, unbedingt nothwendig. Indem aber die Grundherrn immer mehr öffentliche Angelegenheiten zu ihrer eignen Aufgabe machten, stellten sie auch die productive Kraft der Volksgesammtheit in den Dienst des öffentlichen Lebens und brachten damit eine neue sociale Ordnung zu einem wenigstens vorläufigen Abschlusse.

Nun waren aber von Anfang an in jeder grösseren Grundherrschaft Leute der verschiedensten rechtlichen und wirthschaftlichen Stellung vereinigt, und diese Verschiedenheiten mehrten sich noch beträchtlich mit grösserer Ausbildung der herrschaftlichen Verbände.

Neben den Leibeignen, die ohne jeden Eigenbesitz am Herrenhofe selbst wohnten und die eigentlichen Verrichtungen der Hausdiener neben den knechtischen Arbeiten für die Bestellung des Sallands versahen (mancipia non casata, servi domestici), standen die behausten Leibeignen (mancipia, servi casati, mansionarii, manentes etc.), persönlich zwar eben so unfrei und abhängig wie jene, aber doch durch den ihnen zugewiesenen Grundbesitz des Herrn nicht so beliebig verwendbar; die Zinsleute sodann (censuales tributarii, lidi) mit einem precarischen oder doch abgeleiteten Besitz dem Herrn persönlich und dinglich verpflichtet, aber doch nur in einer beschränkten, gemessenen Weise für die Wirthschaft des Herrnhofes belastet.

Dann aber vereinigte die Grundherrschaft auch freie Leute in der verschiedensten ökonomischen Lage, Freigelassne sowohl, als ursprünglich Vollfreie, die sich durch Auftragung und Rückempfang ihres Besitzes als Beneficium[1]), in Form einer Precarie auf Lebenszeit, oder sogar mit Erbberechtigung in den Schutz des Grundherrn begeben hatten; aber auch die landlosen Freien, welche sich mit Erlaubniss des Herrn auf dessen Gebiet niederliessen, sowie die freien Grundbesitzer, die sich in den Schutz eines Mächtigen begeben hatten, ohne dadurch ein Eigenthumsrecht desselben an ihrem Gute zu begründen, waren doch wenigstens in so ferne seinem einheitlichen Herrschaftswillen unterworfen, als eben das Schutzverhältniss, in dem sie sich befanden, auch ohne besondern Eid der Treue, zwang, seinen Befehlen Gehorsam, seinen Interessen ergeben zu sein, um des für sie so nothwendigen Schutzes nicht verlustig zu gehen.

Es liegt auf der Hand, dass diese verschiedenen Klassen von Untergebnen nicht in derselben Weise und mit derselben Intensität für die Zwecke der Herrschaft verwendet und einem einheitlich gedachten, wohlgefügten Wirthschaftsorganismus eingefügt werden konnten. Und es ist eben desshalb auch die Entwickelung des herrschaftlichen Verbandes im einzelnen Falle zunächst von der wirthschaftlichen Rangordnung der Untergebenen abhängig gewesen, wie anderseits die Ziele, welche sich die einzelne Grundherrschaft gesteckt hatte, von wesentlichem Einflusse auf die Bemühungen waren, die zur Erweiterung des Kreises der Unterworfenen angestrengt worden sind. So werden die weltlichen Grundherrn von Anfang an besondern Werth auf die Gewinnung von Leibeignen gelegt haben, über die sie unbedingt befehlen und für die weitaussehenden, schwierigen Culturunternehmungen beliebig verwenden konnten, die ihnen bei grossem Besitz unbebauter wilder Ländereien, bei Expansion ihrer Herrschaft in dem Oedlande der Markgenossenschaft besonders am Herzen lagen; aber auch der persönliche Dienst am Herrenhofe, der Felddienst im Sallande war für einen genusssüchtigen und arbeitsscheuen Adel ein Gegenstand besondern Bedürfnisses*). Und überdiess stand in einer grossen Menge Leibeigner eine Summe brutaler Gewalt zur Verfügung, welche an jeden Punkt geworfen werden konnte, wo es galt, das Recht des Stärkeren zur Geltung zu bringen, das in einer an Gewaltthätigkeit reichen Zeit immerhin noch die grösste Aussicht auf Erfolg hatte.

Vielfach anders waren die Verhältnisse bei den geistlichen Grundherrschaften, vorab bei den Klöstern, gelegen. Abgesehen davon, dass sie die Mittel der Gewalt wenigstens nicht so offen und schrankenlos zur Anwendung brachten, wie das von den weltlichen Grossen bekannt ist, waren sie schon nach ihrem ganzen Charakter und ihrer Entstehung auf andre Wege zur Vergrösserung ihres Herrschaftsbereichs angewiesen. Die weltliche Grundherrschaft wuchs organisch aus kleinen Anfängen zu immer grösserer Macht, und nur im Verhältniss zu dieser steigerten sich ihre Bedürfnisse und ihr Einfluss. Die Klosterherrschaften bildeten sich mechanisch, durch Aneinanderfügung eines von allen Seiten her zusammengebettelten Grundbesitzes. In der weltlichen Grundherrschaft war ein Herr, dessen Familie allein das Mass des Nothwendigen bestimmte, selbst aber am Productionsprocesse der Güter nur wenig betheiligt war. Im Kloster vermehrte sich wohl täglich die Anzahl der zur herrschenden Familie gehörigen Häupter, und bildete oft in kurzer Zeit eine recht ansehnliche Gesellschaft. Aber schon die Ordensregel und mehr noch die bisherige Gewöhnung hiess die Mönche selbst Hand anlegen an Wald und Wildniss, um sie für die Zwecke der Cultur zurecht zu stellen; und auch an der ausführenden Arbeit des Salguts nahm die vielköpfige Person des Herrn den hauptsächlichen Antheil. Nur für Bisthum und Kirche war auch in solcher Weise nicht zu sorgen. Sie bedurften vor Allem Abgaben und Dienste, die ihnen müheloses Einkommen brachten; aber auch die Klöster konnten Leibeigne hauptsächlich nur in der Weise verwenden, dass sie ihnen Land zur Bestellung gegen Zins und Arbeit übertrugen; im Uebrigen waren sie gleich den andern kirchlichen Anstalten vorzugsweise an Schutzleuten interessirt. welche durch Auftragung die Eigenthumsbefugnisse und durch Zinsleistung für den Rückempfang des Grundbesitzes die Einkünfte des Grundherrn mehrten**). Ja selbst die besonders bei Kirchen häufige Freilassung findet ihre Erklärung zum guten Theile darin, dass sie auf den Besitz von Leibeignen verhältnissmässig geringen Werth legten, und in der Fortsetzung des Schutzverhältnisses und Aufrechterhaltung eines

*) Vgl. Waitz II, 176. S. auch Roth S. 154 ff.

**) Ueber das vorzugsweise Vorkommen der Colonen auf den Gütern der Kirche vgl. Waitz II, 188.

Dienstesverbandes, dem auch der mit Land bedachte Freigelassne nicht entging, hinlänglich ihr Interesse gewahrt sahen*). Dieser Unterschied tritt deutlich aus den zahlreichen Urkunden hervor, aus denen wir ein Bild der Anfänge grosser Grundherrschaften gewinnen. Die weltlichen Grundherren haben grosse Herrenhöfe in den ihnen gehörenden Villen, und auf ihnen eine stattliche Zahl von Mancipien, casati und non casati, aber ihr Bestand an Liten oder gar an blossen Schutzleuten und Precaristen, die es durch Auftragung geworden sind, ist verhältnissmässig gering**). Die geistlichen Grundherrschaften setzen sich überwiegend gerade aus solchen Zinsgütern zusammen; sie haben keineswegs in den ihrer Grundherrlichkeit ganz oder theilweise unterworfenen Villen eigne Fronhöfe, sondern lassen nur durch einen Meier, villicus etc., der selbst eine Zinseshufe baut, die Dienste fordern, die Abgaben einheben, zu denen die Grundholden im Einzelnen verpflichtet sind. Und auch hier kann noch der weitere Unterschied beobachtet werden, dass bei Klöstern viel mehr als bei Bisthümern oder sonstigen Kirchen Leibeigne sich befinden, während diese wieder durch eine besonders grosse Anzahl von schutzpflichtigen freien Leuten sich auszeichnen. So gehörten nach dem Brev. rer. fisc. (LL. I, 177) dem Bisthum Augsburg 1041 freie und nur 466 unfreie Mansen. In einem Frohnhof des Erzstifts Köln waren mit Ausnahme von 7 unfreien Mansen alle übrigen frei; Urk. v. 782 bei Kindlinger münst. Beitr. II, 2. Ja es hängt damit auch die den geistlichen Grundherrschaften eigenthümliche Erscheinung zusammen, dass den Zinsleuten und selbst den servis casatis von der Herrschaft mancipia non casata zugegeben werden, da sie in dieser Weise eine bessere Verwendung fanden, als sie ihnen der Grundherr sonst zu geben vermochte, und zugleich für den Colonen eine nicht unbeträchtliche Verstärkung seiner ökonomischen Betriebsmittel daraus erwuchs. Mit diesen Mancipien erfüllte der Zinsmann auch wohl seine Arbeitspflicht auf dem Fronhof; 787 Tr. Sang. I, 113: Quando opus erit foris operare sive in messe vel foenum secandum, mittamus 2 mancipios in opus vestrum; et quando opus est pontes aedificare vel novas facere, mittamus unum hominem ad opus cum sua provenda, et sit ibi tantos dies, quantum necesse est. Schon die Lex Alamannorum scheint in tit. LXXXI c. 1, 5 (LL. III, 73) darauf hinzudeuten, wenn von den juniores gewisser Ministerialen die Rede ist. Aber auch ganz bestimmt ist dieses Verhältnisses gedacht. So gehören z. B. in Urk. 821 (Ried I, 18) zu zwei Herrenhöfen mit ihren Mancipien 11 und 22 dienende Mansen,

*) Ueber diese Abhängigkeit der Freigelassenen vgl. z. B. Waitz II, 182; Roth 297; Gfrörer II, 112.

**) Vgl. jedoch die Anmerkung 1 zu S. 75.

bei welchen ausser den manentes noch 29 und 4 mancipia aufgeführt sind.

Mit diesem schon bei der Erwerbung in rechtlicher und wirthschaftlicher Beziehung so verschiedenartigen Personale begannen nun die Grundherrn einen grossartigen, einheitlich eingerichteten und geleiteten ökonomischen Betrieb auf der Grundlage einer ausgebildeten Arbeitstheilung, wie sie ausserhalb derselben weder vorkam, noch überhaupt gedacht werden kann.

Für die persönlichen Dienstleistungen niederer Art, welche der Grundherr und seine Familie in Anspruch nahm, waren die Mancipien bestimmt, die im Herrnhofe selbst wohnten, und sie wurden dafür vollständig verpflegt, sei es nun, dass sie ihre Nahrung aus der herrschaftlichen Küche, ihre Kleidung vom Frauenhause bezogen, oder dass ihnen, wo sie eignen Haushalt führten, die Rohproducte von der Herrschaft geliefert wurden; vgl. z. B. Brev. rer. fisc. LL. I, 176: De annona nihil repperimus, excepto quod dedimus provendariis carradas 30, qui sunt provendati usque ad missam S. Johannis et sunt 72. Aber auch gewerbliche Verrichtungen mannigfacher Art wurden ihnen hier aufgetragen, so weit sie sich dazu geschickt erwiesen; ja sie konnten dadurch sogar zu einer höheren gesellschaftlichen Stufe emporsteigen und den Ministerialen gleichkommen, welche die höheren Dienste auf dem Herrenhof versahen und aus allen Classen der Untergebenen genommen sein konnten. Von den Leibeignen St. Gallens wohnten im 8. Jahrhundert viele im Kloster als Handwerker, Schuster, Schneider, Müller, Bäcker, Walker, Degenschmiede, Schildmacher, Bierbrauer, Glasbrenner. Die Werkstätten dieser Handwerker sind alle in dem Baurisse angebracht, welcher um diese Zeit für das Kloster war verfertigt worden. Monach. S. Gall. in Vita Carol. (Arx Gesch. v. St. Gallen, S. 54 f.) Solchen mancipia non casata lagen auch die eigentlich landwirthschaftlichen Arbeiten auf den Salländereien ob, deren Bestellung unter Aufsicht eines Villicus oder Major ihnen allein zufiel, sofern nicht die vom Hofe aus betriebne Wirthschaft im Vergleich zur Zahl dieser Leibeignen zu gross war; in diesem Falle wurden auch die servi casati zu Arbeitsleistungen herangezogen*); ja selbst die blossen Precaristen und die freien Zinsleute mussten solche Arbeit für den Fronhof leisten, wobei nicht selten die Begründung dieser Inanspruchnahme ihrer persönlichen Dienste mit dem Hinweis auf ihren Mitgenuss der herrschaftlichen Wälder und Weiden begegnet. So sagt Caesarius zum Reg. Prum. I (Beyer I, 145): Sciendum est quod

*) Schon Haxthausen 132 ff. hat bemerkt, dass der alte Ackerdienst beschränkt und bemessen war durch die Zahl der Dienstleute auf dem Oberhof und durch dessen Grösse.

omnes homines villas ac terminos nostros inhabitantes tenentur nobis curvados facere, non solum mansionarii, verum etiam scararii, id est ministeriales, et haistaldi, id est illi, qui non tenent a curia hereditatem, quia communionem habent in pascuis et aquis nostris. Und es fand dabei eine weitere Ordnung des Dienstes in der Weise statt, dass den arbeitspflichtigen Mansen bestimmte Theile der Hofländereien zur Bearbeitung, Einbringung der Ernte etc., zugewiesen wurden, wenn sie die Arbeit selbständig zu leisten vermochten; dass sie sich aber zum Zusammenarbeiten mit den Leibeigenen des Fronhofes bequemen mussten, wenn sie nicht eignes Gespann aufbringen konnten, oder wenn ein dringendes Bedürfniss nach rascherer Bearbeitung vorhanden war. Diese Leistung hiess corvada. Caesar. ad registr. Prum. (Beyer I, 145) Coruadam facere est ita nobis sicut sibi ipsis arare . . . Qui enim non habent animalia, sive animal ad hoc utile, veniet quando ei praecipitur a nostro ministro cum suo fossorio et cooperabitur aliis hominibus hoc quod ei iniunctum fuerit. Für die Dauer dieser ihrer Arbeitsleistung auf dem Fronhofe wurden sie den provendariis gleichgehalten, bekamen also auch Verpflegung, wie auch wenn sie vorübergehend in gewerblichen Dienst des Fronhofes genommen wurden; vgl. die Urk. 886 (ächt?) bei Dümge reg. Bad. 78: ut eorum sutores, pellifices, fullones in his diebus, quando in vestibus preparandis fratrum occupantur, de fructu prefate villae pascantur. Reg. Prum. (Beyer I, 145): Quando noctes facit, et fenum colligit et curuadas facit, panem et cerevisiam et carnem eis datur oportuno tempore, alio tempore nichil.

Für solche Arbeiten, welche eine besondere Qualification erheischten, waren auch unter den Leuten des Hofes wieder eigne Arbeiter ausgeschieden, so die herbicarii, die vinitores (Urk. 974, Ried I, 106), die piscatores und besonders auch die Hirten; z. B. l. Al. tit. 81, c. 2 (LL. I, 73): Legitimus pastor ovium 80 capita in grege habet domini sui. Urk. 636 (Beyer I, 6) cum vaccariis, vervecibus vervicariis, porcos porcariis. Sie wurden meist mit dieser besonderen Verwendbarkeit auch besser als die gemeinen Arbeiter behandelt, ja sie sind sogar durch Volksrecht schon vor den übrigen ausgezeichnet. Das Gleiche gilt von denjenigen Leibeignen, welche durch besonderes Vertrauen, das sie sich erwarben, die Aufsicht über die Arbeiter, die Handwerker sowohl als die Ackerleute, übertragen bekamen. Hieher zählen die magistri servorum Cap. d. Vill. c. 29. 57. Cap. Aquisgr. 817, c. 18 (LL. I, 213); die cubicularii circa magistrum suum Mon. Sang. II, 6 p. 750; die magistri pincernarum Ann. Laur. maj. 781 (SS. I, 162). Den weiblichen Leibeignen endlich lagen zum Theil noch besondere Verpflichtungen gewerblicher Art ob, die sie auf grösseren Fronhöfen in eignen Frauenhäusern zu erfüllen hatten.

Daneben wurden sie aber allerdings auch für die Haus- und Feldarbeit verwendet; vgl. L. Fris. tit. 13 ancilla quae nec mulgere nec molere solet quam bortmagad (bort = Haus) vocant. Vgl. auch die Aufzählung männlicher und weiblicher Dienstleistungen in dem Cap. Anseg. L. I, nr. 75 (LL. I, 281): in diebus dominicis . . . nec viri ruralia exerceant, nec in vinea colenda, nec in campis arando, nec in metendo vel foenum secando, vel sepem ponendo, nec in silvis stirpando vel arbores caedere, vel in petris laborare, nec domos struere, nec in horto laborent, nec ad placita conveniant, nec venationes exerceant . . . Item feminae opera textrilia non faciant, nec capulent vestitos, nec consuant vel acupictile faciant, nec lanam carpere, nec linum battere, nec in publico vestimenta lavare, nec berbices tondere habeant licitum.

Auf solche Weise entfaltete sich auf dem Fronhofe bald ein reges, mannigfaltiges Leben und eine Reichhaltigkeit der Producte konnte erzielt und eine Ausnutzung der vorhandenen Arbeits- und Capitalkräfte erreicht werden, welche scharf absticht gegen die Monotonie und Extensivität, welche den charakteristischen Zug in der Wirthschaftsführung des Gemeinfreien auf seiner Hufe bildete.

In den Zinsen und Abgaben, welche die dienenden Güter und bestimmte Klassen dienstpflichtiger Leute (z. B. die Wachszinsigen) zu leisten hatten, erhielt dann die Grundherrschaft eine wesentliche Ergänzung ihrer Eigenproduction. Es ist dabei naheliegend, dass diese Zinse ebensowohl nach der Beschaffenheit und dem Ausmass des Gutes, wie nach der besonderen wirthschaftlichen Qualification des Pflichtigen bestimmt waren. So sagt die L. Baj. I, 14 (LL. III, 280) Servi autem ecclesiae secundum possessionem suam reddant tributa. Und so weit diese Ertragsquellen nicht geändert werden konnten, war auch der Grundherrschaft Mass und Art der Einkünfte vorgezeichnet. Es machte sich aber doch auch hier bald der organisatorische Einfluss geltend, der von der Grundherrschaft auf alle Verhältnisse ausging, welche sie berührte. Schon bei der Erwerbung dienstbarer Leute und Grundstücke wurde so viel als möglich auf die besonderen Bedürfnisse der Grundherrn Rücksicht genommen. So richtet sich frühzeitig das Augenmerk von Klöstern und Stiften besonders in kälteren Gegenden auf die üppigen Weingüter des Etsch- und Rheinlands. So zogen sie mit Vorliebe Handwerker an sich und statteten sie mit Beneficien und Lehen aus, um ihre Gewerbsproducte zu geniessen; ja selbst die Freilassung befürwortete die Kirche zum Theil mit dem Hintergedanken, dass sie zu ihren Gunsten erfolgte, indem die Freigelassnen eine Wachszinspflicht übernahmen.

Um so mehr machte sich das Bestreben nach Anpassung der Colonenwirthschaft an die mannigfachen Bedürfnisse der

Herrschaft, zuletzt selbst an die Nachfrage des Marktes geltend, als die Grundherrn einmal überhaupt mehr das Bewusstsein von der Nothwendigkeit einer weiterblickenden ökonomischen Leitung der Wirthschaft erfüllte, und sie auch in reicherem Masse über die Mittel verfügten, durch welche sie auf die Betriebsweise der Colonen einzuwirken vermochten. Vor Allem finden wir eine immer grösser werdende Mannigfaltigkeit und Specialisirung der Zinse und Abgaben, welche ebensowohl auf das verschiedenartigere Bedürfniss der Grundherrschaft, als auf das Streben zurückgeführt werden kann, Ordnung und Regel in die differenten Mengen der eingehenden Producte zu bringen und dadurch sichere Voranschläge und eine bessere Disposition für die Verwendung und Verwerthung der Producte zu gewinnen. In der Lex Alam. tit. XXII c. 1 (LL. III, 51) sind die tributa legitima der servi ecclesiae noch sehr einfach und gleichförmig festgesetzt: 15 siclas de cerevisia, porcum valente tremisse uno, pane modia 2, pullos 5, ova 20. Und auch in den ältesten Urkunden von St. Gallen bilden diese Abgaben noch die fast ausnahmslose Regel; nur die Frischlinge sind schon frühzeitig häufig; z. B. Tr. Sang. 753, I, 17. — 754, I, 18. — 759, I, 24. — 761? I, 29. 32. — 762, I, 33. — 763, I, 39. — 769, I, 55. — 770, I, 56. 57. Doch beginnt schon der Wein, die Gerste, Spelt, Hafer und Heu daneben aufzutreten; Tr. Sang. 716—20, I, 3. — 760, I, 25. — 764, I, 46. — 765, I, 47. Auch Geldabgaben kommen frühzeitig schon daselbst vor, Tr. Sang. 754, I, 19. — 758, I, 22. — 762, I, 36. — 765, I, 48, obschon darunter häufig nur der Geldwerth gemeint ist; Tr. Sang. 766, I, 50: solidum in quo potuero und später oft.

Später aber treten eine Menge neue Zinse und Abgaben dazu; so arietes, berbices, Tr. Sang. 770, I, 58. — 799, I, 159; boves, Tr. Sang. 778, I, 82. — 803, I, 176; cera, vestimenta, Tr. Sang. 782, I, 95. 96; ferrum, Tr. Sang. 807, I, 194; sarcile, Tr. Sang. 809, I, 199; vorneres, Tr. Sang. 813—16, I, 217. — 822, I, 273, — 827, I, 305. — 830, I, 332; soccus, Tr. Sang. 825, I, 291. Einmal ist auch von einem Zins in wilden Thieren die Rede, was auf die Colonisationsbemühungen des Stifts schliessen lässt, Tr. Sang. 766, I, 49.

Aber auch diese Specialisirung der Abgaben ist noch unbedeutend gegenüber der reichen Mannigfaltigkeit, wie sie uns z. B. aus dem Registrum Prumiense (893) entgegentritt. Es sind über 30 verschiedne Producte, deren Leistung den dienenden Mansen aufgetragen ist; neben den Getreidelieferungen (annona, avena, hordeum, spelta) und dem Mehl die verschiedensten Bodenproducte, Wein, Flachs, Senf, Eicheln, Heu und Dünger, an Thieren Pferde, Rindvieh, Schweine, Schafe und Hammel, Hühner und Eier, ferner Bauholz und Brennholz, Schindeln und Geräthe u. a. Auch fingen die Grundherrn allmälig an, auf einzelnen dienenden Mansen eigne Wirthschaftszweige einzurichten oder dazu anzuregen und gaben auch dadurch der einzelnen Wirthschaft eine ungleich grössere Intensität des Betriebs, während sie zugleich für sich die Möglichkeit einer namhaften Steigerung der Abgaben schufen. So finden wir besonders Weingüter, Viehhöfe etc. (vgl. nächsten Abschnitt) und dem entsprechend auch specialisirte Zinsleistungen. Auch die sog. Viehverstellung scheint eben in dieser Zeit ihren Anfang genommen zu haben; die Grundherrn gaben auf Zinsgüter, die sich dazu besonders eigneten, Vieh zum Ueberwintern oder zur Mastung und regten dadurch wohl auch die Ausbildung solcher Specialwirthschaften weiter an; vgl. Cod. Laur. III, 3671: animal 1 pascit per hiemem. III, 212: sine pastu pascit per hiemem 5 porcos et vaccam 1. Auch 3669. Endlich gewannen die Grundherrn auch schon frühzeitig die nöthigen Handwerker, soweit sie dieselben nicht in ihren Fronhöfen hatten, durch Verleihung von Beneficien und Lehen und bahnten der Ausbreitung gewerblicher Thätigkeit neue Wege, wie sie sich die Verfügung über eine grössere Menge von Gewerbsproducten sicherten; vgl. Cap. de vill. c. 10: forestarii, poledrarii de mansis eorum. c. 50: poiedrarii qui beneficium habent. — Urk. 843 Wirt. Urk.-B. I, 108: exceptis beneficiis piscatorum. Urk. 886 Dümge, reg. Bad. 78: praeter 1 mansum, quem venatori antea concessimus. Vorzugsweise waren es die servi manentes, mancipia casata, überhaupt alle Arten der Grundhörigen, welche diese Lasten trugen, wie ja auch die persönlichen Dienstleistungen (3 Tage Fronarbeit in der Woche) besonders von ihnen verlangt wurden. Aber schon bereitete sich der Uebergang der bloss Schutzhörigen im älteren Sinne des Wortes zu strengerer Hörigkeit und ihre Verschmelzung mit den übrigen bereits ganz abhängigen Leuten der Herrschaft vor, die sich im 10. Jahrhundert schon im Wesentlichen vollzog und im 11. Jahrhundert als abgeschlossne Thatsache uns entgegentritt*).

Und es war das um so leichter möglich, als die Herrschaft nicht nur bei Eingehung des Schutzverhältnisses meist in der Lage war, die Art der Zinse und Dienste für precaria oblata, sowie für die Güter der Freigelassnen und Schutzleute einseitig zu bestimmen, sondern auch mit Mehrung ihrer Gewalt ein immer grösseres Uebergewicht und einen immer stärkeren Einfluss auf ihre Wirthschaft behauptete; auch hatte sie der Mittel genug, um unter gleichzeitiger Zuwendung ökonomischer Vortheile (Nutzung der herrschaftlichen Wälder, Verleihung von Vieh. Inventar und Betriebscapital) weitere Leistungen von ihnen zu verlangen; vgl. schon L. Bajuv. I, 14 (LL. III, 280)

*) Vgl. Haxthausen, S. 126.

von den servi ecclesiastici: Si vero Dominus eius dederit eis boves aut alias res quod habet, tantum serviant, quantum eis per possibilitatem impositum fuerit. Auch das, was der Grundherr selbst an öffentlichen Leistungen zu tragen hatte, besonders die Pflicht der Einquartierung und Beförderung der Grafen und Missi, vertheilte er geschickt auf seine Leute; und besonders waren es die pflichtigen Höfe seiner freien Schutzleute, die in besserem Zustande, und auch für den ihnen obliegenden Kriegsdienst mit Pferden ausgestattet, hiezu Gelegenheit boten. So sind in Prüm und Lorsch die Leistungen der paraveredi vorzugsweise den mansis ingenuil. et ledil. auferlegt, welche auch die eigentlichen Kriegsleistungen zu tragen haben. Hieher gehört auch die Stelle im Cap. Ludov. et Lothar. Ingelheim 826 c. 10 (LL. I, 256): De querela Hildebrandi comitis, quod pagenses ejus paravreda dare recusant., vgl. dazu Guérard Irminon I, 810. Und auch zu den gemeinwirthschaftlichen Leistungen, welche die Grundherrn übernommen hatten, wurden ihre Dienste herangezogen; vgl. die Urk. 787 Tr. Sang. I, 113: quando opus est, pontes aedificare vel novos facere, mittamus unum hominem ad opus. Aber auch hierin zeigt sich die früh beginnende Verschmelzung der Stände, indem z. B. schon im Brev. rer. fiscalium die Leistung von paraferedi sowohl bei den mansi ingenuiles wie serviles vorkommt.

Diese Specialisirung der Dienste und Abgaben musste aber, bei allem Vortheil, den die Grundherrschaft und wohl auch die hörigen Leute davon hatten, doch auch oft Härten erzeugen und den Pflichtigen an der freien Bewegung in seinem Wirthschaftsbetrieb ganz erheblich hindern. Da ist es denn nicht zu unterschätzen, wenn die Grundherrn einen gewissen freien Spielraum für die Wahl der Producte liessen, in denen der Zins entrichtet werden konnte. Es war diess gerade in den Anfängen grundherrschaftlicher Wirthschaftsorganisation um so nothwendiger, als ja eine planmässige Wirthschaft erst eingebürgert werden sollte, und es vielfach darauf ankam, die schutzbedürftigen Freien nicht von Anfang durch allzugrosse Härte der Zinspflicht von der Ergebung in den Dienst abzuschrecken. So finden wir in den Sangallner Urkunden viele Beispiele, wornach der Zins, in Geld ausgedrückt, in quocunque potuerit pretio gegeben werden konnte; z. B. Tr. Sang. 822 I, 274. — 824, I, 276. — 825, I, 298. Oder es heisst ausdrücklich: censum persolvat aut 20 modios curiales inter frumento et segale aut 20 siclas curiales de vino aut certe 3 uncias de argento, unum de his tribus preciis (790, I, 126). — Censum, id est 3 maldra sive 6 denar. vel precium 6 den. in ferramentis, qualecunque ex his tribus facilius inveniri possimus (859, II, 460). Andere Beispiele 824, I, 283: dimid. sol. in argento vel in succos seu in grano sive in vestimenta. 826, I, 297: solid. 1 in argento probato aut in ferramentis aut vestibus novis.

Und überdiess machten die Grundherrn bei Aufnahme von Dienstleuten das ausdrückliche Versprechen: illud firmiter condictum est, ut illis nullus amplius maiorem servitium iniungere valeat. Meich. I b 253.

Zu den Erleichterungen, welche die Gutsherrn ihren Zinsleuten und Colonen im Laufe der Zeit zu Theil werden liessen, möchten wir auch den Umstand zählen, dass das Saatgetreide für die Bestellung des Sallands von der Herrschaft beigesteuert wird. Wenigstens für Alamannien lässt sich eine solche Veränderung in der Verpflichtung der Dienstleute constatiren. Im Jahre 791 (Tr. Sang. I, nr. 130) wird noch bei Rückempfang eines tradirten Gutes statuirt: censum solvamus modios de annona et in unaquaque aratura jurnale unum arare et cum semine nostro siminare. Dagegen heisst es in Urk. v. 884 (ib. II, nr. 635): aremus 1 juchum in unaquaque aratura et illud seminemus semine dominico. Und in Urk. v. 904 (ib. II, nr. 739), als wenn der Gegensatz zu der frühern Gepflogenheit ausgedrückt werden wollte: in unaquaque aratura 1 juchum arem et seminaverim, sed illud semen de dominico assumam. Und ähnlich heisst es in den Notitiae hubarum (Cod. Laur. III, 205) noch: 3 jugera arat omni anno ad seminandum cum dominico semine. Schon Anton (Gesch. d. Landw. I, 381) hat aus diesen letzteren Urkunden die Vermuthung geschöpft, dass früher die Leibeignen mit ihrem eignen Getreide säen mussten, und dass in diesen Stellen die Ausnahme von der Regel angezeigt sei. Es dürfte aber in Hinblick auf die erste Urkunde eher die Annahme berechtigt sein, dass die Regel im Laufe der Zeit eine andere geworden ist.

Es hat dieser Vorgang auch eine Analogie in der Lieferung von Rohstoff durch die Herrschaft für gewerbliche Leistungen, zu denen die Dienstleute verpflichtet waren. Im Cap. de villis c. 43 (LL. I, 184) erhalten die Weiberhäuser das Arbeitsgeräth und das Rohmaterial von der Gutsherrschaft, und es scheint das später die Regel geworden zu sein. Im Cod. Laur. wenigstens finden wir viele Stellen, in welchen die Leistung des camisile de opera dominica (III, 178, 180, 197) der panni ex dominico lino (III, 219), der mensales, si datur linum (ib. 204) festgesetzt ist, während nur einmal panni ex proprio lino (ib. 219) begegnen; vgl. auch Tr. Sang. 809, I, 199: sarcile de eorum (der Grundherrn) lana.

Dagegen scheint es schon früher üblich gewesen zu sein, Zinsgüter mit Inventar, dem fundus instructus, und theilweise sogar mit Vorräthen zu verleihen, um dadurch dem anziehenden Colonen die Wirthschaft zu erleichtern, vielleicht geradezu die Bewerbung um solche Güter wachzurufen. In der L.

Baj. I, 13 (LL. III, 280) scheint es noch Ausnahme zu sein, und begründet dann ungemessne Dienste[2]). Schon in Urk. 763 (Tirol betreffend), Meich. I b nr. 12 heisst es: terminos omnes cum utensiliis et callipeum vasorum et lignorum. Auch im Breviarium Erchamberti (Meich. I a 126) gehört Arbeitsvieh zum mansus vestitus. Besonders aber häufen sich doch auch im 9. Jahrh. die Beispiele, in welchen Inventar und Vorräthe als Zugehör des Zinsgutes erwähnt werden. 798 Tr. Wizz. I, 23 cum mancipiis, aurum, argentum, caballos, peculiis minutis etc. ib. nr. 48 curtile 1 cum domibus aedificiis vel pomariis et cum omni peculiare ac iumentis. 805 Meichelb. I b, nr. 274 recepimus in beneficium illam terram et 4 boves. Urk. von 864 (Juvav. Anh. 96) manentes servos — cum coloniis et uxoribus et filiis et aliis utensilibus. Kremsmünst. Urk. von 879 (Rettenp. 35) hubam cum 2 mancipiis et 10 armentis cum porcis 20 et ovibus totidem. Urk. von 885 (Tr. Sang. II, 643) In beneficium suscipiam 1 hobam cum pecoribus et omnibus rebus que hodierna die in eadam hoba inventa sunt, nec non 1 caballum 10 sol. valentem et 1 carradam de vino. Aber doch kommt auch ein Beneficium vor, auf dem die mancipia und das Inventar Eigenthum des Belehnten waren, 824 Tr. Sang. I, 283. Auch die Erwähnung der mobilia unter den Zugehörungen der Hufe weist auf gleichzeitige Uebergabe des Inventars hin, z. B. Urk. von 798 (Tr. Wizz. I, 22. 23). — 800 (ib. nr. 30). 874 (Tr. Sang. II, 583). In den ältern Urkunden kommen Mobilien vorwiegend nur bei Schenkungen von Zinsgütern mit ihren Colonen und deren peculium vor; dagegen fehlt dieser Bestandtheil des Gutes meistens bei Verleihungen von Herrenland an Colonen*).

Die persönliche, ökonomische und sociale Lage der Arbeit innerhalb des jungen herrschaftlichen Verbandes ist aber damit noch nicht genügend bezeichnet. Zwar waren die organisatorischen Bemühungen der Grundherrn, soweit sie sich auf die Arbeit bezogen, zunächst darauf gerichtet, eine reichere Gliederung, eine mannigfaltigere Verwerthung der verfügbaren dienenden Arbeitskräfte anzubahnen, um die Production dadurch zu grössern Ergebnissen und zu einer Vielseitigkeit zu bringen, wie sie dem gesteigerten Bedürfnisse entsprach. Und es wird nicht verkannt werden dürfen, dass diese Bemühungen auch den Arbeitern selbst zu Gute kamen, wenn sie auch zunächst nur vom einseitigen Interesse des Grundherrn dictirt wurden. Die Summe der dienenden Leute in einer Grund-

---

*) Der Mobilien und des Inventars ist z. B. nicht gedacht in Tr. Wizz. 693 nr. 38; 696 nr. 43; 713 nr. 8; 724 nr. 40; 737 nr. 8, 35, 37; 739 nr. 3, 11; 742 nr. 1; 743 nr. 4, 5; aber auch 788 nr. 42; 798 nr. 24, 31; 805 nr. 25; 808 nr. 20. Die Mobilien erwähnt bei Mancipiengütern 714 nr. 41; 730 nr. 16; 733 nr. 13; 734 nr. 9; 739 nr. 10, 14, 15, 17; 742 nr. 2.

herrschaft war aber doch nicht bloss hiefür einer socialen Ordnung eingefügt; sie bildeten keine blosse Masse einzelner Atome, die unter sich zusammenhanglos und gegen einander indifferent einzig und allein ihren Einigungspunkt nur in der Production für die herrschaftliche Wirthschaft gehabt hätten.

Es gehört vielmehr zu den wichtigsten Momenten der grundherrschaftlichen Entwickelung, dass sie dem genossenschaftlichen Principe immer Raum gab, ja dasselbe sogar selbst nach Kräften förderte.

Und es wird das nicht Wunder nehmen, ja in gewissem Sinne als selbstverständlich gelten können, wenn wir berücksichtigen, dass die Grundherrschaften ja zumeist aus der Markgenossenschaft herausgewachsen sind, und lange Zeit hindurch die innigste Verbindung mit ihr unterhielten (vgl. III, 3, S. 62 ff.).

Die Grundherrn, als vollberechtigte Volksgenossen, waren ursprünglich selbst Märker, sofern sie nicht etwa zu jenen wenigen Bevorzugten gehörten, die schon bei der ersten Ansiedlung fern von der Gemeinschaft der Freien mit Sklaven und Tributalen eine Hofmark begründen konnten. Diese Eigenschaft und Stellung als Märker verloren sie auch nicht, wenn ihr Grundbesitz noch so angewachsen war, so lange nicht eben die Mark in ihrer Herrschaft selbst aufging. Denn auch was der Einzelne zu seinem Erbgut hinzu erwarb, stand gleichfalls in dieser Verbindung. Und der Märker, der durch Tradition oder sonst einen Act sich in die Gewalt eines Grundherrn begab, hörte ja damit nicht auf ein Märker zu sein. Seine Grundstücke lagen nach wie vor in der Mark; nach wie vor bewohnte er sein Haus, bestellte seine Aecker und benutzte das Weide- und Waldland der Genossenschaft. Freilich war das früher sein eignes gutes Recht, was er jetzt von seinem Herrn ableitete, gleichsam in seinem Namen in der Mark ausübte. Aber immerhin war er doch in der Markgenossenschaft als Mitglied anerkannt und fühlte sich wohl auch seinen Nachbarn persönlich und social gleich eng verbunden, ob er nun auf eignem Rechte stand oder von einem Mächtigern abhängig geworden war. Ja es liegt der Gedanke nahe, dass die Nachbarn um so mehr Bedürfniss nach engem gesellschaftlichen Zusammenschlusse empfunden haben, je mehr sie sich gegen ihren Herrn zu wehren und gegen seine Verwalter zu schützen hatten.

So viel Besitz daher auch ein Grundherr in seiner Hand allmälig vereinigte, so wenig war damit die Emancipation von der Genossenschaft gegeben. Ja wenn er das ganze Gebiet einer Gemeinde sich angeeignet hatte, so hatte er damit sofort auch die ganze Genossenschaft der Nachbarn in sich aufgenommen; sie war vom herrschaftlichen Willen umschlossen, war ihm grundherrlich geworden, aber sie bestand doch fort.

Sie behauptete nun als Hofgenossenschaft sich und ihren

Gliedern sogar eine gewisse Selbständigkeit gegenüber dem Herrn, und zog anderseits den Herrn in der Hofmark selbst in den genossenschaftlichen Verband. Und die Grundherren bedienten sich dieser Selbstverwaltung der Genossenschaft zur Ordnung localer Interessen, überliessen ihr die Ausgestaltung der allgemeinen Ordnung der Bodenbewirthschaftung, wie sie der Herrschaftswille gesetzt hatte, und betrachteten sie wohl auch als eine Einheit für die Erfüllung der Dienste, die auf den Hufen und Kothen der einzelnen Genossen lagen *).

In den grossen Grundherrschaften treten im Laufe der Zeit sogar specielle Genossenschaften für einzelne Gruppen der abhängigen Leute (Stände!) oder für einzelne gleichartige Aufgaben der dienenden Bevölkerung auf. (Societas parafredorum!) Urk. v. 897: Schannat ep. Worm, II, 14 fiscalini servi, eorumque consocii. — cum progenie ad eandem societatem parafredorum pertinente.

Selbst in Orten, welche die Grundherrn durch ihre Leute auf bisher unbewohntem Gebiete anlegten, oder welche sie aus dem weiten Wildlande eines bisherigen Einzelhofes machten, bildete sich leicht und einfach die Genossenschaft, deren Idee und Gewohnheit Jeder aus seinem früheren Wohnorte mitbrachte und deren ökonomische Grundlage, die gemeine Mark, eben so leicht zu beschaffen wie unentbehrlich für den rohen Wirthschaftsbetrieb war.

Das materielle Substrat dieser Hofgenossenschaften war theils in den alten Markgründen erhalten, deren Nutzung den Märkern, nun allerdings als abgeleitetes Recht (precario), auch im Herrschaftsverbande zustand, theils gaben es die Grundherren aus ihrem Besitz, bei Neuland wie bei Dorfanlagen, auf Einzelhöfen mit dessen Territorium oder im benachbarten Walde, wie das bei den Erörterungen über die Veränderung der Gutsbildung weiter auszuführen ist.

Und auch Schutz und Schirm in seinem Rechte fand der Grundholde bei seinem Herrn, sei es nun, dass er sich der Begehrlichkeit seiner Nachbarn zu erwehren, oder eine ihm angethane Beleidigung zu rächen oder eine Busse zu begehren hatte. Convent. Ticin. v. 850 c. 3 LL. I, 406: Et si aliquis ejus senior aut propinquus propter hoc vindictum facere conatus fuerit. Form. Bignon. c. 8 veniens homo — diceret eo quod ipse ille hominem suum quondam bene ingenuum in via malo ordine ipsum adsaliasset — in ipso mallo ei judicaverunt, ut ipsum hominem vel ipsam leudem legibus transsolvere deberet. Nach Cap. 816 c. 2 (LL. I, 196) durfte der Vassus sogar seinen Herrn verlassen, si senior vassalli suo defensionem facere potest — et non fecerit. Ja selbst für die Gesetzesübertretungen der Hintersassen, ihre Versehen und den daraus

*) Vgl. z. B. Haxthausen S. 135.

erwachsenden Schaden mussten die Grund- und Schutzherren haften; so streng fasste schon die Karolingische Gesetzgebung die Bedeutung der herrschaftlichen Organisation auf. Cap. 825 c. 17, 853 c. 13, 862 c. 4, 866 c. 10. (LL. I, 245, 425, 481 f., 505). Die Hofrechte, welche uns über die Summe dieser Beziehungen Aufschluss geben, gehören schon einer spätern Zeit an, z. B. die leges familiae S. Petri in Worms Grimm Weisth. I, 804 u. a.

So sah sich schliesslich doch jeder im herrschaftlichen Verbande geschützt und gefördert. Mit seiner Macht deckte ihn der Grundherr, wenn ihn die Vergewaltigung eines Grossen. die Habsucht eines Nachbarn bedrohte; von der Heerbannpflicht befreite ihn sein Dienstverhältniss, und die Last der Theilnahme an öffentlichen Angelegenheiten ging auf seinen Herrn über. So konnte er seine Zinseshufe friedlich bestellen und ihre Früchte ruhig geniessen; und wenn er diese auch mit seinem Herrn theilen und seine Arbeit auch nur halb sein eigen nennen konnte, so gewährte ihm doch die Anlehnung an die Wirthschaft des Fronhofs, zu dem er gehörte, gar manche Förderung seines ökonomischen Betriebs, die ihm leicht als Ersatz der verlornen Freiheit erscheinen konnte. Und wenn nun die Noth der Zeit einmal an ihn herantrat, wenn Misswachs und Krieg, ja selbst wenn eigne Schuld und Unverstand ihm die Früchte seiner Wirthschaft raubte und er, als freier Mann, nicht mehr gewusst hätte, wovon er leben sollte, da war der Werth des herrschaftlichen Verbandes erst recht empfunden. Es lag schon im Wesen der grundherrlichen Organisation, dass sie für die äussersten Bedürfnisse ihrer Angehörigen im Nothfalle immer eintreten musste; auch wo es nicht, wie in unzähligen Fällen, ausdrücklich bei der Commendation und der persönlichen Ergebung in fremden Dienst ausgesprochen war, dass dadurch ein Unterstützungsanspruch erworben sei, verstand es sich von selbst, dass der in die Familie oder in das Mundium eines Grundherrn Aufgenommene hier diese letzte Sicherung seiner Existenz fände. Nur so erklärt es sich, dass die lex Saxonum c. 62 sagen konnte, dass derjenige sein Erbe tradiren dürfe, der forte famis necessitate coactus sei, ut ab illo, qui hoc (hereditatem) acceperit, sustentetur; und wenn Karl der Grosse einmal verlangt, si evenerit fames, clades, pestilentia, inaequalitas aeris, vel alia qualiscunque tribulatio. ut non expectetur edictum nostrum, sed statim depraecetur Dei misericordiam (Cap. 805 c. 4, LL. I, 132).

Es wäre irrig, anzunehmen, dass besonders Karl d. Gr. durch seine verschiedenen Bestimmungen über die Armenpflege dieses Moment der öffentlich rechtlichen Ordnung der Grundherrschaft erst hinzugefügt hätte. Dagegen spricht schon der momentane Anlass, welcher die meisten dieser Vorschriften hervorgerufen hat. Vielmehr erscheinen sie als der unzweifelhafte Ausdruck einer bestehenden Rechtsanschauung über die Verpflichtung der Grundherren zur Armenpflege für ihre Schutzleute. Aber es mag immerhin im Einzelnen vielfach gegen diese Pflicht gefehlt und eine Erinnerung daran besonders in Jahren der Missernte nothwendig geworden sein; und jedenfalls beweisen diese Vorschriften auf's Neue das eminente Talent Karls des Grossen für eine politische Organisation, indem er den grundherrschaftlichen Verband als den einzigen erkannte, von dem die Erfüllung dieser specifischen Verwaltungsaufgabe erwartet und verlangt werden konnte.

Es ist daher immerhin lehrreich, die wichtigsten Bestimmungen der Capitularien über die Ordnung der Armenpflege im Zusammenhang zu kennen. Cap. Frankof. 794 c. 4 (LL. I, 72): Et qui nostrum habet beneficium, diligentissime praevideat quantum potest Deo donante, ut nullus ex mancipiis ad illum pertinentes beneficium famem (fame?) moriatur. Cap. Aquisgr. 805 c. 1 (LL. I, 130). Ut indigentibus adiuvare studeant de annona, ita ut famis periculum non pereant. Cap. Theod. 805 c. 4 (I, 132) de famis inopia, ut suos quisque adiuvet prout potest et suam annonam non nimis care vendat. Cap. Nium. 806 c. 9 (I, 144) de mendicis, qui per patrias discurrunt, volumus, ut unusquisque fidelium nostrorum suum pauperem de beneficio aut de propria familia nutriat et non permittat, aliubi ire mendicando. Et ubi tales inventi fuerint, nisi manibus laborent, nullus eis quicquam retribuere praesumat ib. c. 8 (I, 145) praesente anno, quia per plurima loca famis valida esse videtur . . . unusquisque de suo beneficio sua familia nutricare faciat et de sua proprietate propria familia nutriat. Cap. Aquisgr. 809 c. 24 (I, 156). Unusquisque praesenti anno sive liberum, sive servum suum de famis inopia adiutorium praebeat. Cap. Aquisgr. 813, Excerpta Canonum c. 11 (I, 189) ut unusquisque inopiam famis suos familiares et ad se pertinentes gubernare studeant.

2.

Die Art und Weise, in welcher der Grossgrundbesitz sich im Laufe der Jahrhunderte zu bilden angefangen hatte, war nicht geeignet, ohne durchgreifende Veränderung in Anordnung und Zweckbestimmung der einzelnen Theile einem rationellen, planmässigen und durchdachten Betriebe zu entsprechen. Theils durch Aneignung und Rodung von unbebautem Lande, theils durch Einbeziehung von Culturland der kleinen Freien, theils endlich durch Schenkung und Verleihung von Gütern und Beneficien aus dem Krongute zusammengesetzt, glich er ursprünglich wohl einer chaotischen Masse, in welche erst ein organisatorischer Gedanke eine sachgemässe Gliederung des Gebrauchs zu bringen vermochte. Denn zuerst war das Streben nach Besitz überhaupt, als Grundlage der Macht, nicht schon die Sorge für Ausbildung und Pflege bestimmter Richtungen und Zweige des landwirthschaftlichen Betriebs massgebend; und die Erwerbungsarten boten wenig Gelegenheit, eine sorgfältige Auswahl der besonders geeigneten Grundstücke zu treffen. Man war wenig wählerisch bei der Occupation, und liess sich gerne Grundbesitz übertragen, mochte er nun mehr oder weniger geeignet sein, Lücken der gutsherrlichen Wirthschaft auszufüllen, günstiger oder ungünstiger zum Hauptsitze des herrschaftlichen Betriebs gelegen, arrondirt oder zersplittert sein.

Als aber einmal das Ziel einer rationellen Landwirthschaftspflege der Grundherrschaft als begehrenswerth zum Bewusstsein kam, und die innere Stärkung des Betriebs durch gesteigerte Arbeitstheilung und vermehrten Rohertrag einer bestimmten Bodenfläche ebenso werthvoll wurde, als die räumliche Expansion der Herrschaft, begann auch für die Anordnung der Grundstücke und Güter, über welche ein Grundherr verfügte, eine Zeit durchgreifender Veränderung. Nicht bloss in der Herrschaft über die Arbeit zeigte sich jenes organisatorische Bestreben, durch welches eine wesentliche Förderung der nationalen Betriebsamkeit geweckt wurde. Auch die Herrschaft über das Bodencapital wurde immer mehr von demselben Geiste erfüllt. Die Grundherren übernahmen auch auf diesem Gebiete eine wahrhaft nationalökonomische Wirksamkeit und führten sie im Laufe des 9. und 10. Jahrhunderts grossentheils zu einem guten Ende. Am Schlusse der Karolingerperiode ist wenigstens bei den hervorragendsten Grundherrschaften eine ökonomische Anordnung der Güter hergestellt, welche auch nach dieser Seite die Regellosigkeit und Isolirung des Landwirthschaftsbetriebs beseitigt hatte, welche der älteren Periode charakteristisch sind.

Der erste Umstand, auf welchen dabei aufmerksam gemacht werden muss, ist in der veränderten Art der Erwerbung späterer Zeit zu erblicken. Fassen wir die Verhältnisse von ein paar geistlichen Grundherrschaften in's Auge, von denen wir weitaus die besten und vollständigsten urkundlichen Nachrichten haben. Bei den Erwerbungen des Stifts St. Gallen spielen in der ältesten Zeit die Schenkungen weitaus die grösste Rolle. Ihnen am nächsten kommen die Uebertragungen unter Bedingung des Rückempfangs, während Kauf und Tausch noch sehr unbedeutend sind. Dieses Verhältniss ändert sich im Laufe der Zeit ganz wesentlich; die Schenkungen werden immer seltner im Vergleich zu den übrigen Erwerbungsarten; und in der Periode König Ludwig des Deutschen sind Kauf und Tausch schon von ziemlicher Häufigkeit [3]).

Auch in den Freisinger Urkunden (bei Meichelbeck) ist in der ältesten Zeit die Schenkung die wichtigste Bereicherungsquelle der Kirche. Von Anfang des 10. Jahrhunderts an werden aber die Schenkungen allmälig seltner, bis sie gegen Anfang des 14. Jahrhunderts fast gänzlich verschwinden. Für die bedingten Schenkungen, die Auftragung mit Rückempfang zu Niessbrauch, ist das erste Beispiel aus dem Jahre 765 (Tr Fris. I^b nr. 13) Für die Rückgabe als Beneficium eine Urkunde vom Jahre 770 (Tr. Fris. I^a 68 f.) Seit dem Anfange des 9. Jahrhunderts wurde aber fast keine Schenkung mehr unbedingt gemacht; ja man begnügte sich nicht einmal mit der Retention des Niessbrauchs oder dem Rückempfang als Beneficium, sondern man begehrte, ausser dem tradirten auch noch ein Kirchengut als Lehen. Der Tausch als Mittel der Abrundung, Verbesserung und Vergrösserung des Besitzes beginnt gleichfalls erst am Anfange des 9. Jahrhunderts eine Rolle zu spielen; am einträglichsten für Freising waren die Tauschverträge von der Mitte des 9. bis zur Mitte des 11. Jahrhunderts; aber schon mit Anfang dieses Jahrhunderts werden Tauschverträge seltner; die Verhältnisse consolidiren sich; die nothwendige Abrundung und Gruppirung der Gutsgebiete scheint im Wesentlichen durchgeführt zu sein. Dagegen sind Kaufcontracte während der ganzen von uns betrachteten Periode selten, wie sich das schon aus der lange währenden Herrschaft der Naturalwirthschaft in diesen Gegenden erklärt, da ohne Geldgebrauch die Käufe immer nur gelegentlich gemacht werden können *).

Je mehr nun solche Erwerbsarten Regel wurden, bei denen die Grundherren auch ihrerseits Bedingungen zu setzen oder eine Auswahl der Grundstücke zu treffen in der Lage waren, desto leichter war eine Anpassung des neuen Gutsbestandes an das jeweilige Bedürfniss der Gutswirthschaft.

Bei den weltlichen Grundherren trat diess sicherlich im Allgemeinen früher ein, da sie eben unentgeltliche Erwerbungen zu machen viel seltner als die Kirche in der Lage waren. Aber auch ihre Ueberlegenheit an Leibeignen (s. o. S. 75) bot ihnen mehr Anlass, schon frühzeitig eine planmässige Disposition in die Vertheilung ihrer Gutsländereien und ihre Wirthschaftsführung zu bringen, wo die Kirche noch lange vom blossen Zinsertrage der Colonengüter lebte, ohne sich den Eigenbetrieb der Landwirthschaft sehr angelegen sein zu lassen.

Jedenfalls musste nun der Versuch einer planmässigen Ordnung des gesammten Grundbesitzes einer Herrschaft zum Zwecke einer Steigerung der gesammten Betriebsleistung mit dem in eigner Bewirthschaftung gehaltenen Theile der Herr-

*) Vgl. im Allgemeinen Häberlin, systematische Bearbeitung der in Meichelbecks Historia Frisingensis enthaltenen Urkundensammlung. 1842.

schaft beginnen. In welch hochbedeutsamer Weise diess gerade in der Karolingerzeit geschah, ersehen wir für die königlichen Villen im berühmten Capitulare de Villis, dessen bekannte, bis in's Einzelne gehenden Bestimmungen auch für die Ausgestaltung der Wirthschaftsorganisation auf den Territorien der weltlichen und geistlichen Grossen vom grössten Einflusse gewesen sind. Jedoch haben sich, in Folge der so sehr verschiedenen Erwerbungsarten auch die Verhältnisse dieser beiden Arten von Herrschaften wenigstens anfänglich sehr wesentlich von einander unterschieden; und diese Unterschiede sind auch noch in der Karolingerperiode unverkennbar.

Bei den weltlichen Grundherren ist sicherlich das alte Erbgut, wenigstens so weit es zum Sitze (Fronhof) der Herrschaft gehörte, auch jetzt noch als Salland in eigner Bewirthschaftung der Grundherrn geblieben. Es scheint diess in den ungemein zahlreichen Urkunden ausgedrückt, in welchen die terra aviatica, hereditas in Gegensatz zu den Zinsländereien gestellt ist, welche zu derselben gehören. Vgl. auch Urk. 695—711 (Tr. Wizz. 228): curtile ad commanendum et casa desuper ubi ego ad presens commanere videor et mancipia id est 2 cum hobas eorum casa ubi ipse manere videntur. Und auch ausdrücklich ist Dominicalland (huba, mansus dominica indominicatus) in den Urkunden dieser Zeit so häufig, dass die eigne Bewirthschaftung eines Theils der Grundherrschaft bei den weltlichen Grossen in der That ausser Zweifel zu stehen scheint.

Wir werden in dieser Annahme noch bestärkt durch die schon früher geltend gemachte Thatsache, dass bei den weltlichen Grundherrschaften vorzugsweise die mancipia non casata, die eigentlichen Hofdiener, eine grosse Rolle spielen; auch dass gerade sie so häufig ausgenommen wurden, wenn Land geschenkt wird*), selbst die servi casati zurückbehalten werden, wenn das ihnen zur Bebauung überlassene Land abgetreten wird, hängt mit einem namhaften, vielleicht sogar gesteigerten Eigenbetriebe der Grundherren unzweifelhaft zusammen. So sagt König Pipin in einer Urk. v. 762 (Beyer I, nr. 16) donamus res proprietatis nostrae in pago Charosvilla cum appenditiis vel omni integritate sua praeter tantum mancipiis (35 Namen). Hec igitur mancipia predicta ad nostrum opus retinuimus. Im C. Laur. 804, nr. 1148 werden 5 Zinshuben geschenkt et quicquid ad ipsas pertinet exceptis mancipiis aliud totum. Allerdings konnten solche zurück-

---

*) Z. B. Tr. Sang. 770, I 56. — 771, I 59. — 796, I 142. — 799, I 155. — 806, I 188. — 811, I 206. — 818 I 231. — 820, I 245. — 824, I, 283, 286 — 827, I 305. Ausserdem noch bis 874 in 15 Urkunden. Auch Tr. Wizz. 784 nr. 60 werden bei einer Schenkung 40 mancipia ausgenommen; 774. (nr. 61) Schenkung an 8 Orten mit Ausnahme von 16 Mancipien, 774 nr. 63. — 820 nr. 69—Trad. Fuld. 791 nr. 101. — 796. nr. 113.

behaltene Leibeigne auch ausserhalb des Herrnhofs, auf Neuland oder bei den servi casati, den censuales etc. Verwendung finden; aber es ist kein Grund vorhanden, um anzunehmen, dass gerade diese Verwendungen ausnahamslos oder auch nur vorzugsweise stattgefunden hätten. Auch die besondere Verleihung von Mancipien in beneficium (z. B. Tr. Wizz. 784, nr. 60) mag hier berücksichtigt werden, da sie, auch wenn sie casata waren, doch durch ihre Arbeitsleistung (3 Tage in der Woche für den Herrn) besonders nur für grösseren Eigenbetrieb des Belehnten von Wichtigkeit waren.

Statistisch allerdings lässt es sich nicht nachweisen, ob und wie weit sich in der Karolingerzeit das Salland der weltlichen Grundherren vermehrt hat; wir haben wohl genug urkundliche Zeugnisse über das Verhältniss der Herrenhufe zu den dazu gehörigen Zinseshufen; aber bei der sehr verschiedenen Grösse, welche dieselben haben konnten, ist daraus ein sicherer Schluss nicht zu ziehen; und überdiess sind auch diese Angaben unter einander viel zu abweichend, als dass wir irgend einen allgemeinen Satz abzuleiten im Stande wären [4]).

Aber doch scheint soviel sicher zu sein, dass die Zerschlagung des mansus dominicus, welche z. B. Guérard, Irminon I 494 für Frankreich schon seit dem 9. Jahrhundert constatiren zu können glaubt, und welche uns später allerdings auch begegnet [5]), für Deutschland in dieser Periode noch nicht angenommen werden darf. Ob aber die von Haxthausen (S. 133) für Westphalen behauptete, seit dem Ende des 10 Jahrhunderts häufigere Einziehung bebauter Hufen zur Einrichtung grosser Gutswirthschaften auch schon für die frühere Zeit angenommen werden kann, muss dahingestellt bleiben.

Genauer zu verfolgen und sicherer zu beurtheilen ist dagegen das Bestreben, den ursprünglich meist sehr ungünstig gruppirten Besitz durch Arrondirung geeigneter für eine rationelle Wirthschaftsführung zu machen. Schon bei der ersten Landvertheilung mochte den Vornehmen Besitz in verschiedenen Gemarkungen zugefallen sein, der durch Erbgang und in andrer Weise oft noch viel mehr zerstreut wurde. Besonders aber trugen die Arten des späteren Gutserwerbs, Schenkung, Auftragung und königliche Verleihung dazu bei, dem grossen Grundbesitz jeden Zusammenhang und damit jede Möglichkeit einer einheitlichen Bewirthschaftung zu nehmen. Vgl. z. B. die Besitzungen des Klosters Weissenburg im Brev. rer. fisc. (LL. I 177 f.), des Königshofes Asnapium (ib. 179). Das Stift St. Gallen hatte seine Güter in der Schweiz, in Schwaben, Franken und im Elsass, ja sogar in Italien (Arx I 55—57). Und das gleiche gilt von allen geistlichen und den meisten weltlichen Grundherren jener Zeit.

Aus diesem Zustande ist das allgemein und frühzeitig [6]) hervortretende Streben hinlänglich erklärt, durch Tausch eine bessere Anordnung, womöglich eine Arrondirung des Besitzes herbeizuführen. Es wird dafür genügen, aus der Fülle der Belege solche auszuheben, die uns zugleich über die Motive und den Effect derartiger Tauschvorgänge Licht verbreiten. 856 (Tr. Sang. II 449) wird der dritte Theil eines Hofes gegen 5 jugera an demselben Orte propter compendium et commoditatem vertauscht. Ebenso heisst es 872 (ib. II 560). — 874 (II 584). — 886 (II. 650) commoditatis et utilitatis causa. 861 (ib. II 479) wird ein Tausch von 3 Vollhufen an 2 Orten gegen eine Kirche und 1 Hof nebst 60 jugera an einem zweiten und ein Neubruch an einem dritten Orte pro ambarum partium opportunitate bewerkstelligt. Ebenso 875 (II 588). — 876 (II 595): juchum mee necessitate opportuniorem. Im J. 897 (ib. II 713) erhält einer bei einem Tausche 2 loca a predicto monasterio valde remota, sed mihi nimium opportuna.

Im Jahre 800 wird zwischen dem Erzbischof Arno von Salzburg und dem Abt von Monsee ein Tauschvertrag abgeschlossen: ubi congruus vel oportunus evenisset locus de rebus inter se opportunitatem facere deberent (Urk.-B. o. d. Enns I, S. 4). Im Jahre 802 (ebenso 849 III 4) findet eine commutatio statt pro opportunitate locorum ac commoditate sibimet competentium (C. Laur. I 103). Und im Jahre 820 wird ein grosser Gutstausch beurkundet: quia ita non inconvenienter fieri posse res de utrisque partibus coniacere videbantur (Tr. Wizz. I, 69).

Ja die Grundherren brachten es bereits zu einer Art theoretischen Verständnisses vom Werthe der Arrondirung. So heisst es in einer Urkunde des Jahres 864 (Ried I. S. 49): Fructuosa valde et non solum honesta, sed etiam nimium utilis consuetudo iam olim inter homines inoleverat, commutandi scilicet quasdam res pro commoditate utrarumque partium. 865 (ib S. 50): Multum utilis et nimium commoda consuetudo . . . quod res suas inter se pro aptis finibus locorum inter se commutare coeperunt. 879 (ib. S. 59) nach einem ganz ähnlichen Eingang: ut res suas pro commoditate ambarum partium commutarent et utrimque, quod sibi contiguum esset, sumerent. In den Regensburger Urkunden sind Tauschverträge überhaupt sehr häufig. Aus den vier Jahren 898—901 allein stehen bei Ried 12 Stücke dieser Art.

Auch hier griff die umsichtige Wirthschaftspolitik Karl des Grossen und seiner Nachfolger anregend und fördernd ein. Urk. Karl d. Gr. (Bouqu. VIII, 457) hi vero liberi homines, qui in congruentia saepefati monasterii de sua proprietate terras et vineas aut molendina habent, concedimus, ut ad idem monasterium ea vendant vel commutent. Urk. 848 (C. Laur. I, 29) gibt Kaiser Ludwig dem Bischof von Worms die Erlaubniss, ubicunque invenire posset aliquas res et mancipia, quae a nobilibus hominibus aptius et congruentius praefatae ecclesiae commutare valeret.... in mancipiis et territoriis usque ad mansos tres licentiam habeant. Si vero plus fuerit ad commutandum, ad nostram interrogationem veniat. Ebenso findet auch die grosse Arrondirung des Klosters Weissenburg im Jahre 820 (Tr. Wizz. nr. 69) mit Erlaubniss Kaiser Ludwigs statt, sodass mit Obigem ein allgemeiner Verwaltungsgrundsatz ausgesprochen scheint

Die Vertauschungen waren oft sehr bedeutend und müssen für die Einrichtung der grundherrschaftlichen Wirthschaft nicht selten massgebend geworden sein. So wurden bei dem Tausche des Klosters Weissenburg (820 Tr. Wizz. 69) 13 Hufen von Seite des Klosters gegen Güter aller Art (Ackerland, Weinberge, Wälder etc.) an 5 Orten gegeben. Im Jahre 858 vertauscht der Abt von St. Gallen 102 Joch Ackerland und 140 Joch Wald in einer Gemarkung gegen 102 Joch Ackerland und 1 Casate in einer andern (Tr. Sang. II, 463). So werden 868 (ib. II, 531) 105 Joch nebst Waldantheilen an einem Orte gegen gleichviel an einem andern, 897 (ib. II, 708) 377 Joch und 6 Höfe an 3 Orten gegen 378 Joch und 6 Höfe an einem Orte vertauscht. Der Tausch des Erzbischofs Arno mit dem Abte von Monsee im Jahre 800 (Urk.-B o. d. Enns I, 4) betrifft eine Kirche mit Gebiet und 170 Joch an zwei Orten einerseits, entsprechende Güter an zwei Orten anderseits. Im Jahre 868 (C. Laur. I, 37) erhält der eine Theil 3 hubas in dominicum et hubas serviles vestitos 17 et mancipia 152, der andere gleichviel Güter und 146 mancipia. Im Jahre 849 (C. Laur. III, S. 4) gibt die Abtei 140 Joch Ackerland, 8 Joch Wiesen und 4 Mansen und erhält 4 Mansen, 72 Joch und Wiesen zu 5 carradas. — Auch durch Kauf werden solche Arrondirungen bewirkt, wie z. B. im Jahre 803 ein gewisser Otholf von 2 Parteien ihre Antheile an 2 Alpen kauft, wodurch er, als bisheriger Antheiler, die vollständige Verfügung über dieselben erhält (Tr. Sang. I, 164 f.).

Es mögen auf diese Weise viele Dörfer, die uns später als grundherrliche begegnen, in die Hand eines Herrn gekommen sein; aber wohl keiner grösseren Grundherrschaft ist es in dieser Periode gelungen, ihren ganzen Besitz vollständig zu arrondiren. In den meisten Fällen wird sich die Arrondirung sogar auf einzelne Höfe und deren Gebiet beschränkt haben, oft sogar handelt es sich dabei nur um den Austausch einzelner Ackerstücke, um den allzufühlbaren Uebelständen der Gemengelage dadurch zu entgehen und eine gewisse Selbständigkeit der Bewirthschaftung zu erlangen. An ersteres ist zu denken, wenn eine Hufe nach den Grenzen bezeichnet ist, also ökonomisch als Einzelhof auftritt, z. B. 776 (Ried I, 4) locus (folgen seine Grenzen) et omnia ad illa loca pertinentia et unum servum ibidem commanentem cum familia sua numero 10. — 810 (ib. I, 14) commarchiam nostram (Grenzen) offerimusque servum nostrum cum omnibus utensilibus suis. 797 (Tr. Fuld.

nr. 14) huba, quam noster homo Adalhartus habuit, quod est tribus lateribus meum, quarto latere via publica. Dagegen handelt es sich um Arrondirungen einzelner Feldstücke besonders bei kleinen Gutstäuschen im selben Orte, z. B. 854 (Tr. Sang. II, 427), wo der vierte Theil eines Hofs gegen ein sehr grosses Tagwerk (jurnalem maximum) hingegeben wird. Und solche Beispiele sind häufig. 856 (ib. II, 449) der dritte Theil eines Hofes gegen 5 jurnales. 858 (ib. II, 462) eine Wiese gegen eine Casate. 864 (ib. II, 500) 3 Jucharte und 1 Ruthe gegen 3 andre Jucharte. Auch die 20 jurnales in campum unum juntos vom Jahre 742 (Tr. Wizz. nr. 7) dürften auf eine vorausgegangene Arrondirung zurückzuführen sein. Es ist einleuchtend, dass der alte Gegensatz der dorfmässigen und der hofmässigen Ansiedlung auch für diese Verhältnisse von wesentlichem Einflusse sein musste, aber doch gab auch die letztere hinlänglich Gelegenheit zum Erwerb zerstreut liegender Ländereien, welche dann im Laufe der Zeit Austausch und Arrondirung hervorriefen. War nun durch diese Arrondirungen wenigstens eine leidlich gute räumliche Anordnung des Besitzstands einer Grundherrschaft erzielt, so stellte sich mit Verfolgung der Organisationsbestrebungen sofort eine neue Aufgabe ein. Bei jeder grösseren Grundherrschaft wurde es allmälig unmöglich, von dem Sitze der Herrschaft, dem Haupthofe aus alle Verhältnisse der in Eigenbau oder Zinsbau stehenden Güter zu überschauen, ihren Betrieb zu regeln und zu überwachen und besonders die Leistungen der pflichtigen Hufen nach Massgabe ihrer concreten Leistungsfähigkeit zu controliren. Ueberdiess liessen es die schwerfälligen Verkehrsformen der Naturalwirthschaft, die Voluminosität ihrer Producte und der Mangel an Verkehrswegen und Transportmitteln, endlich die Schwierigkeit der Verwerthung der Producte bei den unentwickelten Marktverhältnissen jener Zeit als unthunlich und auch ökonomisch höchst unvortheilhaft erscheinen, alle Abgaben der dienenden Güter am Haupthofe anzusammeln, um erst von hier aus eine Verwendung für dieselben aufzusuchen, die doch oft die nämlichen Wege wieder hätte gehen müssen, von denen eben die Producte hergekommen waren.

So entstand das Bedürfniss nach einer ökonomischen Gliederung des ganzen Herrschaftsgebiets in eine Reihe von selbständigen Verwaltungen, welche bei aller Aufrechterhaltung der principiellen Einheit der Wirthschaft doch als locale Centren die wichtigsten Aufgaben der Gutswirthschaft jede für sich besorgten.

So entstand auch jene Villenverfassung, welche uns am vollständigsten aus dem Capitulare de villis bekannt ist, aber auch bei weltlichen und geistlichen Grundherren im Laufe der Karolingerzeit eine allgemeine Einführung gefunden hat. Das ganze Gebiet der Grundherrschaft wurde in eine Reihe von

Haupthöfen zerlegt, welche wenigstens bei den Besitzungen der Weltlichen regelmässig auf Rechnung der Herrschaft durch Vögte und Meier (villici) bewirthschaftet wurden, bei geistlichen Grundherrschaften dagegen vielfach nur aus dienenden Hufen gebildet waren, deren Colone dann als Propst mit der Ueberwachung seines Villicationsbezirks betraut war. Die Bestimmungen des Capitulare de villis können als bekannt vorausgesetzt werden. Allgemein wurde dieses Verhältniss damit bezeichnet, dass es heisst: respiciunt ad eandem curtem mansi (Brev. rer. fisc. LL. I, 177) oder pertinent ad curtem casati (Tr. Sang. 752). Auch Urk. 881 (Ried I, 67): cum parscalcis omnique censu eorum cunctisque ad eandem proprietatem pertinentibus. Urk. 950 (ib. I, 97): curtem regalem cum suis pertinentibus... curtilibus, mancipiis... mansionariis, baschalkis. Jedem solchen Haupthofe wurde dann eine entsprechende Anzahl von dienenden Höfen zugewiesen, die ihre Abgaben an diesen zu entrichten, ihre persönlichen Dienste bei demselben zu leisten hatten. So heisst es in Urk. 787 (Tr. Sang. I, 113): Et ipsum censum intus in monasterium ad spicharium vestrum perducere debemus et ad proximam curtem vestram in unaquaque zelga ebdomedarii jurnalem arare debeamus. Dagegen Urk. 828 (Tr. Sang. I, 272): Et si denarios nobis persolvere placuerit, ad ipsum monasterium eos reddamus, si autem granum, ad proximam curtem ipsius monasterii illud reddamus. Und von diesen Haupthöfen ging dann sowohl die Ueberwachung des Betriebs und der pflichtigen Leistungen wie auch die Verwerthung der Producte des ganzen Bezirks aus, soweit diess eben möglich war. Nur die unverwendeten Ueberschüsse wurden an den dirigirenden Haupthof der ganzen Herrschaft abgeliefert.

Von diesen Haupthöfen aus konnten dann auch diejenigen Zinsgüter leicht bestellt werden, welche jeweilig ohne Colonen waren (die sog. mansi absi), während ohne diese organisatorische Einrichtung wohl häufig Culturländereien wegen allzugrosser Entfernung vom Hauptsitze der gutsherrlichen Wirthschaft hätten wüst liegen müssen. So ist es wohl auch zu verstehen, wenn es im Cod. Lauresh. III, 222 heisst: sunt hubae 2 et 20, e quibus 2 in dominicum fructificant, cetera . . quot hubae tot solidos de solvunt et 3 dies in dominicum operantur. ib. S. 223: sunt hubae 5, quarum una in dominicum fructificat.

Die Grundherrschaft war es aber auch, welche die Grundlage der ältesten Wirthschaftsorganisation in Bezug auf das Vermögen, die Hufe, als den zum vollständigen Unterhalt einer Familie nothwendigen Besitz, beseitigte oder ihr wenigstens ihre ökonomische Bedeutung nahm. Wohl war das System der Austheilung des Landes nach lauter vollen Hufen schon frühzeitig, wohl auch ohne jede directe Einwirkung grösserer Grundbesitzer, durchlöchert worden. Aber doch ist während der Merovingerperiode in deutschen Landen die Hufe noch vorherrschendes Mass des Einzelgrundbesitzes, meist 30, in Schwaben 40 Morgen Bauland. Auch der Zusammenhang der Hufe mit dem Wergeld (vgl. Waitz II, 214) verliert sich schon im 8. Jahrhundert. Erst im Laufe des 8. Jahrhunderts mehren sich die Beispiele einer Theilung derselben in halbe und Viertels-Hufen und des Besitzes kleiner Fragmente von Bodeneigenthum. Das erste Beispiel einer Tradition einzelner Morgen in den Tr. Wizz. ist vom Jahre 711 (nr. 169): infra marca Munafrido villa de terra jurnales 30, ipsa est de alode aviole mee . . similiter in ipsa villa ariola habet in longitudinem pertegas 14 et in latitudinem 6. Im Codex Lauresh. kommen schon frühzeitig (unter Pipin) viele Schenkungen einzelner Morgen, auch halbe Mansen vor; in andern Gegenden, Schweiz, Schwaben, Baiern wird das erst später häufiger. Nur bei einigen besonderen Culturen, die in der primitiven Wirthschaft der alten Deutschen keine selbständige Rolle spielten, wie bei Wiesen und Weinbergen, ist selbständiger Besitz ausserhalb der Hufenordnung schon frühzeitig vorhanden; so schon 702 Trad. Wizz. 44: vendidi pratam iuris mei; und ähnliches kehrt in vielen Weissenburger, Lorscher und Fuldaer Urkunden wieder*).

Für die Wirthschaft im grundherrlichen Verbande hatte die Hufe ihre Bedeutung verloren. Seit die dienenden Mansen in mannigfache ökonomische Abhängigkeit von der Gutswirthschaft des Herrn gekommen waren, lagen die Bedingungen der Erhaltung einer Familie anders. Die Pflichtigen mussten Theile ihrer Arbeitskraft wie ihrer Producte der Herrschaft abtreten; sie erhielten dafür schon durch die blosse Organisation, aber auch unmittelbar manche Förderung und Unterstützung, wodurch das Ergebniss der Bewirthschaftung gesteigert wurde. Eine verhältnissmässig reich entwickelte Arbeitstheilung liess jede persönliche Fähigkeit mehr zur Geltung kommen, als diess bei der Isolirung in der Genossenschaft möglich war Je nach der Rolle, welche der Einzelne im herrschaftlichen Verbande übernommen hatte, war also auch das Mass des Besitzes verschieden, der ihm für seinen Unterhalt nothwendig war; und so konnte die Grundherrschaft nicht bloss an eine neue Gestaltung der bäuerlichen Güter denken, sondern sie war dazu sogar gedrängt, wenn sie überhaupt das Princip der Wirthschaftlichkeit vollinhaltlich zur Anwendung bringen wollte. So entstanden jene Verschiedenheiten der Hufen, die nur mit Hinblick auf das grosse Wirthschaftsganze, dem sie eingefügt sind, eine volle Erklärung finden; die grösseren Herrenhufen,

---

*) Viele Belege sind zusammengestellt bei Waitz, altdeutsche Hufe, S. 20.

die kleineren Zinseshufen, auf denen ja nicht mehr die volle Arbeitskraft eines Mannes verwendet werden konnte, der zugleich auf dem Herrenlande Frondienst zu versehen hatte. So entstand der Unterschied der grösseren Waldhufen und der kleineren Landhufen, wobei es sich im ersteren Falle um einen ungleich extensiveren Betrieb handelte. Vgl. z. B. Urk. 839 Württ. Urk.-B. S. 119: de estimata silva hubae 2 et dimid. et ad Leimowo silvam unam habentem hobas 5. Nach dem Weisth. von Laubach 1143 (Grimm V, 536) sind 7 Waldhufen = 15 Landhufen.

So entstanden aber endlich auch die kleinen Zinsgüter jener Colonen und Leibeignen, welche, zu bestimmten gewerblichen Verrichtungen verpflichtet, den landwirthschaftlichen Betrieb auf ihren Grundstücken nur als Nebenbeschäftigung versehen konnten. Auch Hufen ohne Hof und umgekehrt kommen jetzt vor, was nach älterer Anschauung undenkbar war, z. B. 890 hoba sine curtili terra. (Nachr. v. Juvavia 113.)

Mit dieser Hufentheilung und Neugestaltung der bäuerlichen Güter ist dann vielfach eine Veränderung der Ortschaften selbst eingetreten, deren ältere, meist sehr kleine, auf wenige Höfe beschränkte Gruppirung den Interessen der Grundherren vielfach nicht entsprach. Ueberall haben sie die Dorfbildung begünstigt*), und zwar weniger in dem Sinne, dass von ihnen häufig die Gründung neuer Dörfer ausgegangen wäre, als vielmehr dadurch, dass sie die bestehenden Ortschaften mit ihren Colonen und Casaten bevölkerten und so ein dichteres Zusammenwohnen beförderten**). Beispiele solch grosser Dörfer sind im Laufe des 9. Jahrhunderts nicht selten. Aber schon 762 (Schannat Trad. Fuld. p. 10) umfasst eine von Pipin geschenkte Villa 50 hob. domin., 28 hob. lidiles, 3 hob. eccles. Dazu 400 jugera, 400 pratorum carradas 9 molend. nebst 23 familias servil. und 28 famil. lidiles. 786 (Tr. Fuld. 84) umfasst die marca des locus Biberbach 30 Hufen und 330 Mancipien. 817 (Tr. Fuld. 325b) umfasst der Ort Bingenheim 187 Mansen. Als ein Beispiel sehr dichten Wohnens mag die Villa Michelstatt im Odenwalde gelten, deren Gebietsumfang im Jahre 815 1 rasta betrug, also 1.5 □ Kilometer Inhalt hatte und von 100 mancipia diversi sexus et aetatis bewohnt war, so dass 66 Menschen auf den □ Kilometer treffen [7]).

In wie weit nun mit Vergrösserung der Ortschaften und dichterem Zusammenwohnen eine Aenderung in der Anordnung der Feldfluren eingetreten ist, lässt sich aus den Urkunden nicht mit Sicherheit erkennen. Aber schon der Umstand, dass

*) Das hat mit richtigem Blicke schon F. List (gesammelte Werke II, 188) erkannt, wenn auch einseitig erklärt.

**) Den Gang der Entwickelung deutscher Alpendörfer habe ich im historischen Taschenbuche 1874 darzulegen versucht.

im 9. Jahrhundert die Angabe der Grösse einzelner Feldstücke nach Länge und Breite häufiger wird, lässt auf eine Zunahme der regelmässigen Gestaltung derselben schliessen. Auch sind sie in einzelnen Gegenden bestimmt als lange Ackerstreifen zu erkennen, und zugleich ist die Gemengelage aus den Angaben über die Grenznachbarn bei den einzelnen Aeckern und Wiesen nicht zu übersehen. Auch eine Eintheilung der Flur in einige Felder, Zelgen etc. tritt allmälig häufiger hervor und scheint allerdings von einer Aenderung des Wirthschaftssystems im Sinne der Dreifelderwirthschaft begleitet oder durch sie hervorgerufen zu sein.

Alle diese Momente zusammengenommen, die Ausbildung des Sallands, die Abrundung der einzelnen Güter und des gesammten Besitzes der Grundherrschaft, die Bildung mehrer Haupthöfe und die Zuweisung der dienenden Hufen, die Hufentheilung endlich und die Aenderungen des Feldersystems haben zuletzt auch nothwendigerweise den Gebietsbestand der alten Marken angreifen und verändern müssen. Es ist früher gezeigt worden, wie sich die Grundherrhaft innerhalb der Grenzen der alten Markgenossenschaft einrichtete (II, 3, S. 62 ff.); aber es war auch schon Gelegenheit, die Bestrebungen der Grundherren zur Ausbildung eigner Hofgenossenschaften zu betonen und die Bedeutung dieser neuen persönlichen Verbindung hervorzuheben.

Dieses Bestreben führte die Grundherren nun auch dahin, der hofhörigen Genossenschaft eine eigne Mark anzuweisen, wo sie dieselben nicht einfach in der grundherrlich gewordnen Gemeinde fand, oder dieselbe den Bedürfnissen und Interessen der herrschaftlichen Wirthschaft nicht entsprach. Vielleicht bezieht sich die Urk. 977 (Als. dipl. I, p. 130) auf eine solche grundhörig gewordne Gemeinde. Die von der Kaiserin Adelheid an die Abtei Murbach geschenkten Villen (also grundhörige) haben Gemeinland: quorum quaedam, campos videlicet, silvas, aquas aquarumque decursus, sicut coheredes ipsius cum ipsa simul hec tenuerunt et communiter eis fruebantur, sic inter familias ipsorum deinceps sine omni controversia communia permaneant. Vgl. Hanauer, Les paysans de l'Alsace p. 46.

Solche gemeine Mark war aber doch wesentlich etwas andres als das unvertheilte Land einer freien Markgenossenschaft. Dort hatte jeder Genosse talem usum, qualem unusquisque liber homo de sua proprietate iuste et legitime habet; hier bestimmte die Herrschaft Mass und Art des Gebrauches für den Einzelnen, wie sie die Ausdehnung des der einzelnen Hofgenossenschaft aus dem grundherrlichen Gesammtbesitz zugewiesenen Wald- und Weideantheils bemass. So hatten in dem Walde, der zu einem Haupthofe gehörte, im Jahre 863 (Cod. Lauresh. I, 33) die 3 Freihüfner Mastung für je 10, die 19 hubae serviles Mastung für je 5 Schweine et nullam aliam utilitatem sive ad extirpandum sive in cesura ligni. Auch den scararii und haistaldi werden im Reg. Prum. (I, XXV) Ackerdienste auferlegt, quia communionem habent in pascuis et aquis nostris. — Zu einem curtile, duo jugera continens, gehörte 905 (Tr. Sang. II, 740) talis usus silvaticus, ut qui illic sedent, sterilia et jacentia ligna colligant. Der herrschaftliche Wald und der der Hofgenossenschaft überlassene werden später ausdrücklich auseinandergehalten, z. B. Est ibi silva communis in qua cedunt homines s. Petri ad usum suum qualemcunque lignum. In silva domini quae singularis est, ius habent cedendi omne lignum praeter quercum et fagam.

Für die Zins- und Dienstpflichtigen war ein solcher Antheil an Wald und Weide bei der herrschenden extensiven Wirthschaft sogar unentbehrlich und bildete wohl auch den Gegenstand eigner Verabredung bei Ergebung von Freien in den herrschaftlichen Verband. So wird bei einer Gutsübertragung und gleichzeitigem Rückempfang als erbliches Zinsgut ausbedungen (Tr. Sang. 868 II, 537): Sed et hoc commemorare volumus, ut nos et posteri nostri familiaritatem ad rectores prefati monasterii et ad familias eorum habeamus, et illorum res., id est pascuas, silvas aliaque nobis necessaria inter eos fruendi facultatem habeamus. (Kindl. Beitr. II, 3.)

Mit dieser Zutheilung von Wald, Weide und Wasser an die einzelnen grundherrlichen Villen war die Hofmarkgenossenschaft wenigstens äusserlich abgeschlossen und eine neue Gliederung der Territorien auf Grundlage des Herrschaftsverbandes begründet. Was dann zum innern Ausbau dieser Organisation nothwendig war, die Ausbildung eines eignen Hofrechts und einer systematischen Verwaltung der öffentlichen Angelegenheiten und des Gemeininteresses, das gehört wesentlich schon einer späteren Zeit an. Wenigstens sind die Hofrechte, in denen sich die sociale und ökonomische Bedeutung der Herrschaft recht ausdrückt, jünger; aber doch sind Spuren einer solchen Wirksamkeit schon in der Karolingerzeit vorhanden. Und die Karolingische Gesetzgebung hat auch hieran ein nicht unbeträchtliches Verdienst. Was die freie Genossenschaft nicht vermochte, einen festen Zusammenhalt der Genossen in Pflege ihrer socialen Ordnung und ökonomischen Selbständigkeit zu erhalten, das sollte durch die Grundherrschaft bewirkt werden. Die Hofmarkgenossenschaft sollte eine sociale Organisation werden, in der sich die Freiheit des Einzelnen einem höheren Ziele unterordnete, und ein fester Körper, auf dessen Functionen sich auch die Reichsverwaltung in ihrer Pflege der Culturinteressen verlassen konnte. In dem Verbote der Capitularien (803 c. 10 LL. I, 115) ut nec colonus nec fiscalinus foras mitio possint alicubi traditiones facere, war der Anfang zu jenem ökonomischen Schlusse der Grundherrschaft gemacht, durch welchen sie in der folgenden Periode ihre volle Stärke zu entwickeln vermochte. Vgl. auch noch Cap. 864 c. 30 (LL. I, 496).

3.

So war im Verlaufe zweier Jahrhunderte die nationale Wirthschaft in ihrer dominirenden Productionsrichtung auf ganz neuen Boden gestellt und eine Menge von Voraussetzungen einer kräftigeren Entfaltung des Wirthschaftstriebes und eines grösseren Erfolges geschaffen. Und es ist unverkennbar, dass mannigfache Verbesserungen in Technik und Oekonomie des Betriebes entstanden und ein nicht unwesentlicher Fortschritt der allgemeinen Cultur gerade in dieser Zeit gemacht wurde.

Es zeigt sich dies an dem grösseren Farben- und Gestaltenreichthum, den das Leben in der Grundherrschaft gegenüber der Monotonie genossenschaftlicher Wirthschaft erlangt; es ist allerdings mehr ein allgemeiner Eindruck der durchgängigen Verbesserung der Wirthschaftszustände, den wir aus dem Studium der zeitgenössischen Geschichtsschreiber, Gesetze und Urkunden erhalten, als dass wir den Fortschritt an bestimmten einzelnen Quellenzeugnissen darthun könnten. Aber doch fehlt es auch nicht an besonderen bestimmten Anhaltspunkten, welche dieses Urtheil rechtfertigen.

Wir wollen auch hier auf eine Argumentation aus dem Capitulare de Villis und andern Wirthschaftsvorschriften Karl des Grossen (z. B. Cap. Aquisgr. 813) verzichten. Et ist allzu bekannt, wie grossartige Förderung der Landescultur darin ausgesprochen ist. Aber die Wirthschaftsführung auf den königlichen Villen war zu jener Zeit gewiss der Wirthschaft in den meisten geistlichen und weltlichen Territorien weit überlegen, und wir würden sicherlich ein allzu günstiges Bild der Zeit erhalten, wenn wir diese Zustände als herrschende annehmen wollten. Nur das muss doch hier geltend gemacht werden, dass die Organisation der königlichen Villen gleichfalls auf dem Princip der Grundherrschaft beruhte, und dass sie ihre grossartigen Ergebnisse nur in dem Masse zu erreichen vermochte, in welchem eben die Geltung eines einheitlichen Herrschaftswillens auf weitem Gebiete wirksam gemacht werden konnte.

Und auch der mächtig anregende Einfluss ist nicht zu unterschätzen, der von diesen musterhaft eingerichteten und geführten Wirthschaften auf den Betrieb der Landwirthschaft im Grossen überhaupt ausging. Wie wir in so vielen Punkten die grundherrliche Wirthschaftsorganisation der voranleuchtenden königlichen immer ähnlicher werden sehen, so hat sich jene im Laufe der Zeit gewiss auch viele Vorzüge dieser in Hinsicht auf die Betriebsweise angeeignet. Die nachbarlichen Beziehungen einerseits, die persönliche Verbindung der Grossen mit dem königlichen Haushalt anderseits sind sicherlich auch in dieser Richtung nicht ohne gute Früchte geblieben. Und wo dann etwa ein solches königliches Gut durch Schenkung oder Verleihung in die Hand eines grossen Grundbesitzers kam, da lag für diesen fast ein zwingender Impuls vor, nicht bloss die bessere Wirthschaft auf diesem Gute beizubehalten, sondern auch seinen übrigen Betrieb mit dem überkommenen in möglichsten Einklang zu setzen. Auch ist es hinlänglich bezeugt, wie sehr die verständigen Grundherrn bei jeder Gelegenheit die Verbesserung ihrer Güter und ihres Betriebs betonten. Immer wieder wird die Melioration geradezu als Bedingung bei der Verleihung von Beneficium und Zinsgut gesetzt. Vgl. aus der Fülle der Beispiele: 787 Tr. Sang. I, 112. — 790 (C. Laur. I, 14). 792 ib. I, 16. — Tr. Sang. I, 132. — 800 ib. I, 241. — 794 Urk.-B. ob d. Enns I, 7.

Auf zwei Punkten aber wenigstens lässt sich ein allgemeiner, durchgreifender Fortschritt des landwirthschaftlichen Betriebs bei der grundherrlichen Wirthschaft besonders nachweisen. Das ist einerseits der Uebergang aus der rohen, regellosen Feldgraswirthschaft zu einer schlagmässigen Eintheilung der Felder und damit zu einer geregelten Wechselwirthschaft; anderseits ist es die Herstellung eines grösseren Gleichgewichts der verschiedenen Viehgattungen, besonders durch Vermehrung des Bestandes an Arbeitsvieh.

In der alten markgenossenschaftlichen Flur ist noch keinerlei Eintheilung und Zusammenfassung der Felder zum Zwecke der Bewirthschaftung zu erkennen [8]). Dagegen tritt das Verhältniss, in welchem dieselben zu einander als Theil eines Feldersystems stehen, in zahlreichen Urkunden über grundherrlichen Besitz deutlich hervor. Die Stelle in Urk. 771 Cod. Laur. I, 662: de terra araturia 27 jurnales in tribus locis sitos mag dabei noch unberücksichtigt bleiben; denn die bloss örtliche Bestimmung gestattet keine sicherere Zuweisung zum Wirthschaftssystem*). Dagegen sprechen entschieden von diesem Verhältnisse Ausdrücke wie 742 Tr. Wizz. 7: 20 jurnales in campum [9]) unum juntos; 776 Tr. Sang. I, 80; 782 I, 95; 791 I, 128 per singulas araturas singulas juchos arare, oder in unaquaque aratura jurnale 1 arare 791 ib. I, 130, vielleicht auch die aratura per tempora jurnales 3. 779 ib. I, 91. Dann aber in omni zelga iornale 1 arare 780 (ib. I, 93), in unaquaque zelga ebdomedarii jurnalem arare 787 (ib. I, 113) und schon 789 unaquaque zelga unum juchum arare sicut mos est in dominico arare (ib. I, 120). 838 (ib. I, 368): in unaquaque aratura jurnales 3. Auch dürfte hieher zu beziehen sein 795 (ib. I, 140) 2 anzingas unum autumnalem et alium

*) Vgl. auch Hanssen, Zur Geschichte der Feldsysteme in Deutschland. Tüb. Zeitsch. 25. Bd., S. 83 f.

estivalem illos segare et intus trahere und vielleicht auch 801 (Tr. Wizz. 236) hoba una . . . et 3 mensuras supra ad arare [10]).

Ob damit Dreifelderwirthschaft ausgedrückt ist oder nicht, halten wir für sehr unwesentlich, da ja dieselbe nicht unter allen Umständen einen Fortschritt gegenüber der Feldgraswirthschaft bedeutet. Aber eine schlagmässige Feldbewirthschaftung liegt darin ausgesprochen, und damit war Ordnung und Regel in den Betrieb gebracht, dessen die alte Wechselwirthschaft doch für die Dauer nicht entrathen konnte.

Eine solche Eintheilung in Schläge konnte nun allerdings ebensowohl bei einzelnen Höfen als bei dorfmässiger Ansiedlung stattfinden; aber zum Ausdruck ist sie doch wohl nur im letztern Falle gekommen. Denn nur bei Gemengelage der Felder trafen die Interessen mehrer auf einander und war ein Bedürfniss vorhanden, die Wirthschaftsleistung nach den einzelnen Morgen in der Zelge zu bestimmen. Wenn wir daher, wie das besonders bei den ältern Urkunden häufig ist, ganze Güter oder doch grössere Stücke Landes nach den Grenzen bezeichnet finden, so schliesst das zwar die schlagmässige Benutzung des Landes nicht aus, aber doch das Feldersystem der Dörfer. Denn eine Arrondirung in der Art, dass ein Eigenthümer über ganze Kämpe oder gar über alle in der Feldmark des Dorfes verfügt, ist eben schon ein Zeichen einer weit gediehenen Grundherrschaft. Dagegen findet sich allerdings die Verfügung über mehre zusammenliegende Ackerstreifen in der Zelge ziemlich häufig; z. B. 712 Tr. Wizz. 186 de terra arabili jurnales 10 in campo uno. 817 (Lacombl. I, 34): 4 jornales, an einer Seite an das Besitzthum des Käufers anstossend. Aehnlich (ib. I, 35) 2 jorn., 818 (ib. 36) 3 jorn., 817 (ib. 43) 4 und 7 jurnales mit Grenzen.

Die durchaus willkürliche Verfügung über die einzelnen Morgen, die wir während der ganzen Periode noch finden [11]), lässt aber noch immer den Gedanken an eine überall durchgeführte strenge Feldereintheilung, wie sie etwa das Dreifeldersystem verlangt, nicht aufkommen. Denn in diesem System liegt der Zwang, wenigstens die drei Stücke, welche wirthschaftlich zusammengehören, je eines im Winter-, Sommer- und Brachfeld, als untrennbare Theile zu betrachten, da ja sonst die Wirthschaft sofort eine Störung ihres Gleichgewichts im Anbau und den erzielten Früchten erfahren musste. Mochte nun auch durch Herbeiziehung neuer Aecker aus dem Wald- und Weideland einigermassen geholfen werden können, so war das schon wegen des Ausschlusses dieser Neuländereien aus dem alten Wirthschaftsturnus und ihrer Entlegenheit nur ausnahmsweise möglich. Es muss daher immerhin neben den Anfängen der schlagmässigen Eintheilung der Dorffeldmark eine langanhaltende, unregelmässige Wechselwirthschaft angenommen werden.

Es liegt nun die Vermuthung nahe, dass mit dem Uebergang aus einer wilden Feldgraswirthschaft in ein geregeltes Feldersystem sofort auch die veränderte Behandlung der Wiesen hervortreten müsse. Die alte Wechselwirthschaft, bei der auf dem Ackerland in den Dreeschjahren Heu und Viehfutter überhaupt gewonnen wurde, bedurfte keiner abgesonderten Wiesen, wie das ja im Grunde auch Tacitus schon von den Germanen anmerkt: prata non separent. Der Dreifelderwirthschaft dagegen waren sie unentbehrlich, denn die ewige Weide reichte wohl im Sommer für den Nahrungsbedarf des Viehes hin, aber die Winterung musste auf eigenen Wiesen gewonnen werden, da das Pflugland keine Futterkräuter trug. Und in der That sind auch Anhaltspunkte vorhanden, um eine Hebung der Wiesencultur während der Karolingerzeit annehmen zu können. Während in den ältern Urkunden nemlich die Wiesen nur als Pertinenzstücke der Hufen neben den Weiden, Wäldern etc., also als Bestandtheile der Mark erscheinen, und auch ausdrücklich von dem foenum secare auf dem Gemeinland, sowie überhaupt von gemeinsamer Nutzung der Wiesen die Rede ist, treten sie immer mehr als abgesonderte Bestandtheile des Sonderguts hervor. Zunächst vielleicht nur in kleinem Umfange, dem Wirthschaftshofe am nächsten liegend, dem Bedürfnisse der Grünfütterung im Stalle gewidmet, wie das in mehren urkundlichen Stellen ausgedrückt ist; 750 Tr. Sang. I, 15: casale, ubi edificius vester nunc stat et ipsa prata, que ibidem pertinent; 796 Lacombl. I, 5: locus cum pratis, qui ibi iacent in ipsa ripa fluvii, ubi quondam avus meus casam habebat cum 2 agris, qui separati sunt non longe ab eodem loco; 801 ib. I, 20: Curtile cum adiacentibus suis uno rodo et modico prato et 1 jurnali in terra arabili.

Aber doch gewinnen die Wiesen bald an Ausdehnung, wie das nicht bloss aus einzelnen Angaben zu ersehen ist (eine Wiese zu 130 Fuder in Urk. 768 Alsat. dipl. I, 41), sondern noch mehr aus den Veränderungen ihres Verhältnisses zu dem Ackerland erhellt, welches im 8. Jahrhundert im Ganzen wie 1 : 3 — 4, im 9. Jahrhundert aber wie 1 : 2 — 3 gewesen sein dürfte [12]).

So lange nun der Ertrag der Wiesen nach Heufudern (carrada) berechnet ist, konnte die Wiese immerhin Bestandtheil des Gemeinlandes und damit nur der Nutzungsantheil des Einzelnen ausgedrückt sein. Aber doch frühzeitig fing man schon an, die Wiesen den Aeckern und sonstigem Culturlande gleich zu stellen; in der l. Baj. XIII, 6 ist pratum der messis, XIV, 7 der vinea gleichgestellt; XVII, 1 stehen pratum, ager, exartum neben einander. Auch wurde es immer mehr üblich, sie mit den gewöhnlichen Massen zu messen; so in Urk. 790 Tr. Sang. I, 126: 1 juchum de prato; 794 C. Laur. 3435: 3 jurn. de pratis [13]). Dass sie auch dann noch nach dem Heuschnitte der gemeinen Weide unterliegen, ist nichts für sie besonderes; sie theilen diese Nutzung mit den Aeckern, welche ja auch nach eingebrachter Ernte dem allgemeinen Viehtrieb unterworfen waren.

In Bezug auf die Veränderungen, welche mit der Viehhaltung auf den Gütern unter Einfluss der Grundherrschaft eingetreten sind, bietet sich allerdings in den Urkunden eine noch viel ungenügendere und unsichere Stütze dar. Aber doch ist es unschwer zu erkennen, wie allmälig das ungeheure Uebergewicht der Schweine-, Schaf- und Ziegenhaltung verschwindet, und ein besseres Ebenmass zwischen dem Arbeitsvieh und dem Kleinvieh eintritt. Während dieses Verhältniss in den ältesten Angaben noch 7% Rinder zu 93% Kleinvieh (755 Meich. I[a], 54), 8% Rinder und 92% Kleinvieh (786 Urk.-B. o. d. Enns I, 444) zeigt, und sogar in den königlichen Villen[14]), welche das Breviar. rerum fiscal. beschreibt, 7% Rinder, 12% Pferde und 81% Kleinvieh verzeichnet sind, haben dagegen auf dem Klosterhof in Staffelsee (LL. I, 176) um das Jahr 812 diese Verhältnisse schon eine Besserung erfahren. Die Rinder betragen 23%, die Pferde 2%, das Kleinvieh 75% des ganzen Viehstands. In ein Paar Angaben überwiegt sogar schon der Rindviehstand. So z. B. 815 Tr. Fuld. 309 2 Pferde, 40 Rinder, 25 Stück Kleinvieh. 836—854 (Meich. I[a], 126) 2 Pferde, 39 Rinder, 32 Stück Kleinvieh. Doch war das noch lange Ausnahme[15]).

Durch alle diese weittragenden Veränderungen und Verbesserungen in Organisation der Arbeit, Bodenbenutzung und Betriebsweise wurde schliesslich aber auch die Stellung der Gutswirthschaften im nationalen Wirthschaftsleben von Grund aus verändert. Es wurden nunmehr in der Wirthschaft der grössern Grundherrschaften regelmässige Productionsüberschüsse erzielt, die man so lange nicht kannte, als die einzelne Wirthschaft nur auf sich selbst angewiesen und beschränkt war. Damit war nun die Wirthschaft über die Production des Eigenbedarfs hinausgebracht; man fing an zugleich für den Markt, d. h. für die nationale Consumtion im Allgemeinen zu produciren. Ihre Productionsergebnisse waren nicht mehr bloss von privatwirthschaftlicher Bedeutung; sie erlangten eine solche auch vom Standpunkte der Nationalwirthschaft, und ein allgemeines, öffentliches Interesse an guter Bewirthschaftung der Grundherrschaften machte sich geltend, wie das der weise Karl auch in seinen Capitularien zum unzweideutigen Ausdrucke gebracht hat. Wie bedeutend diese Ueberschüsse auf gut eingerichteten Wirthschaften bereits waren, ersehen wir z. B. aus den Beschreibungen königlicher Kammergüter (LL. I, 178 ff.). Es belief sich darnach auf 4 verschiedenen Villen der Getreidevorrath von der vorletzten und letzten Ernte nach Abzug aller Verwendungen als Saatgetreide und Verpflegung der Hofleute auf

5420, 2040, 582 und 888 modios, im Ganzen also 8920 modios, welche zur freien Verfügung der Gutswirthschaften standen [16]).

Diese Ueberschüsse der eignen Production auf dem Markte zu verwerthen, und Geld oder sonstige Gegenstände des Bedarfs für den Fronhof auszutauschen, war frühe schon eine angelegentliche Sorge der Grundherren. Wohl mochte davon mancher Betrag an die fahrenden Kaufleute gegeben, also in der Art verwerthet werden, wie etwa der kleine Gutsherr zeitweilige Ueberschüsse seiner Production zu verkaufen pflegte. Aber doch tritt bei grossen Grundherren, besonders des geistlichen Besitzes, eine rege Handelsbemühung auf eigne Rechnung und Gefahr häufig genug hervor, um sie als einen Theil des von ihnen organisirten Wirthschaftssystems erkennen zu können. Von Prüm heisst es in König Pippins Zollfreibrief (Beyer I, nr. 18) ut ubicumque infra regna nostra homines ipsius monasterii pro verilitate vel stipendia monachorum in quacunque civitate vel porto negotiandi porrexerint, nullo teloneo vel barganatico neque ex navali remigio neque saumariis vel de carrali evectione solvere debeant. Die Abtei Fulda hat in Dienenheim schon 817 Schiffahrt und Wage (Tr. Fuld. 366) und im Jahre 836 erhält sie Zollfreiheit (ib. 489): ut liceat eis per imperium suos negotiatores quaquaversum dirigere et eorum negotium pro viribus exercere. Ein lebhafter Verkehr der Abtei Cornelimünster ist in dem Zollfreibriefe von 821 (Lacombl. I, 41) bezeugt: de navibus quae per diversa flumina imperii nostri pro qualibet re discurrunt, quam et de carris et sagmariis necessariis ipsius monasterii. Aehnlich in dem Diplom von 900 für Trier (Beyer I, 149). Dem Kloster Lorsch wird im Jahre 858 (C. Laur. I, 31) bewilligt: ut 1 navem per Renum fluvium ob utilitatem atque necessitatem eorum procurandam ad Wormatiam civitatem omni tempore discurrere licuisset. Vom Salzhandel des Bisthums Freising spricht eine Urkunde König Arnulfs 898 (Meichelb. I[a] 147) und nach den leges portoriae ca 906 (LL. III, 480) sind es die Bischöfe, Aebte und Grafen, qui in orientales partes iter habebant, auf deren Andringen dieses Zollstatut erlassen wird.

Regelmässig haben sich dabei die Grundherren für den Marktverkehr ihrer Leibeignen und Ministerialen bedient. So besorgten im Hochstift Kempten die servientes die Salztransporte (Meichelb. I[b] S. 402); und von einem gewissen Tutilo von St. Gallen heisst es (SS. II, 97) quum erat homo itinerarius lateque terrarum et urbium gnarus, missus est — pro communi causa Moguntiam utique pro pannis laneis emendis. Auch heisst es einmal allgemein von einem Dienstpflichtigen: servit cum nave et aliis instrumentis (C. Laur. III, 3671). Als besondere Dienstleistungen dieser Art, welche sicherlich erst im Laufe der Zeit diese besondere Beziehung auf den Handelsbetrieb der Grundherren erhielten, erscheinen die in älterer Zeit immer als öffentliche Dienstleistungen auftretenden Dienste der scara, angaria und die Stellung der paraferedi. So wird der Abtei Prüm im Jahre 775 mit der Immunität auch die Befreiung von der scara und den conjectis tam de carrigio quamque de parafredos zugesprochen (Beyer I, nr. 28). Dagegen erscheint die scara in dem Registrum Prumiense schon regelmässig als Boten- und Handelsdienst in verschiedner Form als scara pedestris (67, S. 180) oder cum pedibus (65, S. 179; 69, 181; 83, 185), scara cum nave bis in anno usque ad S. Goarem sive ad Dusburhc (69, 181; 71, 182); sc. cum suo caballo (114, 197); sc. facit ad Prumiam, ad Aquisgrani, ad Coloniam, ad Bunnam, ad S. Goarem sive cum eco (equo) seu cum pedibus (55, 175). Besonders haben hier die scararii den Verkauf von Wein und Salz zu besorgen. Sunt ibi scararii 12. Vinum et sal, si eis precipitur omnes vendunt. — Vinum vendunt et salem secundum ordinem suum (23, 153) u. o. Caesarius bemerkt dazu in seinem Commentar: Antiquitus tanta copia vini ac salis proveniebat ecclesiae de curtibus nostris, quod opportebat quasi de necessitate superflua venundare. — Auch im Brev. rer. fisc. (LL I, 177) heisst es schon: scaram facit ad vinum ducendum. Die scararii, qui itinera vicissim agunt 825 Meichelb. I[b] 481 waren die natürlichen Kaufleute ihrer Herrschaft. Vgl. Nitzsch, Ministerialität, S. 50.

Aehnlich war auch die angaria ursprünglich ein öffentlicher Dienst, der insbesondere für das Postenwesen jener Zeit von Wichtigkeit war. So spricht die L. Baj. I, 13 von den colonis ecclesiae: angarias cum carra faciant usque 50 lewas. Später aber begegnet sie uns immer häufiger als ein Handelsdienst, den die Grundherren anzusprechen haben. So schon im Jahre 779 (Tr. Sang. I, 91): ancaria, quod nostra carta continet. 788 (Tr. Wizz. 197): similiter prestarimus vobis propter petitionem vestram quod dicitur Berg, ut faciatis unum angrum de Aganbach usque ad monasterium Wizzenburgo Sehr häufig ist diese angaria im Registrum Prumiense verzeichnet. Besonders ist da bestimmt: in ang. ad Mosellam mense Octobri (47, 172); a. ad Buchheim (56, 180); a. II, unam de vino, alteram de annona (54, 179); a. ad monasterium, i. e. modios 8, ad S. Goar 2 (104, 192); ducit de vino in angariam carram 1 (6, 148).

Endlich haben auch die parafredi ihre ursprüngliche Beziehung auf den Kriegs- und öffentlichen Verkehrsdienst immer mehr verloren, und sind zu einfachen Transportpferden für den Grundherrn geworden. So z. B. parafredum ter in anno ad Virdunum, ad Prumiam, in Salnise (Reg. Prum. 33, 161); paraf. ubicunque precipitur ist häufig; par. de curte ad curtem (C. Laur. 3673). Auch die besonderen Reiterdienste mögen hieher bezogen werden; equitat quocunque illi praecipitur

(Brev. rer. fisc. LL. I, 177); equitat quocunque sibi jubetur (Reg. Corb. Wigand 1826 Cah. II, p. 21 § 22).

Um auf den grösseren Märkten den Umsatz leichter bewerkstelligen, wohl auch die günstigen Conjuncturen leichter abwarten zu können, errichteten die verschiedenen Stifte schon früh ihre eignen Fruchtspeicher (z. B. am Inselmarkte in Köln), und waren im Besitze der verschiednen Marktstände. Hieraus ergibt sich schon, dass dieser vorstädtische Engros-Umsatz in den frühern Zeiten des deutschen Reichs hauptsächlich von den Hofrechten aus und durch hofrechtliche Kräfte betrieben wurde (Nitzsch, p. 200). Zu solchem Behufe hatte auch Fulda schon im Jahre 817 in Dienenheim eine eigne Wage (Tr. Fuld. 366). Aber auch selbständig Märkte auf ihrem Territorium zu erhalten, liessen sich die Grundherren bald angelegen sein und erlangten oder nahmen sich wohl auch das Recht, solche anzulegen und abzuhalten. Vgl. Praeceptum Ottonis 956 de mercato in Basinsheim C. Laur. I, 71. — Otto 965 für Wezenloh ib. I, 74; — 995 für Stein ib. I, 84; 1008 für Oppenheim ib. I, 91; — 1000 für Winenheim I, 87.

So war denn am Schlusse der Karolingerperiode der Grundbau der socialen Ordnung im Wesentlichen vollendet, auf dem sich Jahrhunderte lang das Gebäude der Nationalwirthschaft erheben sollte, bis neue Kräfte im Volksleben lebendig wurden, die eine wesentliche Erweiterung der Fundamente nothwendig machten.

Zwar ist es noch ein Rohbau, der uns in seinen Contouren am Schlusse des 9. und Anfang des 10. Jahrhunderts entgegentritt. Aber doch ist unverkennbar der spätern Ausgestaltung damit ein bestimmter Plan vorgezeichnet.

Der herrschaftliche Verband in der Hofverfassung bildet dabei die unterste Grundlage, die das ökonomische Leben im engsten Kreise für höhere Ziele organisirt und an Stelle der Individualfreiheit mit ihrer ökonomischen Isolirung die geordnete Cooperation unter dem einheitlichen Herrschaftswillen setzt. Das für die Entfaltung der Volksindividualität so wichtige genossenschaftliche Element findet im Herrschaftsverbande seine Pflege, da dieser ja aus jenem herausgewachsen ist oder doch wenigstens von Anfang an sich auf dasselbe gestützt hat. Aber die Schwäche des bloss markgenossenschaftlichen Verbandes freier gleichwerthiger Grundbesitzer ist im herrschaftlichen Verbande überwunden; wie dem Volke durch diesen grössere Aufgaben gestellt sind, so bietet das herrschaftliche Capital und die durch dasselbe ermöglichte reichere Arbeitstheilung die Mittel zu ihrer Erreichung.

So ist der ökonomische Fortschritt in den untersten Kreisen des Volkes einem tiefgreifenden organisatorischen Bemühen zu verdanken, das seine Kräfte nicht in der Genossenschaft der

Arbeit und Gemeinwirthschaft, sondern in dem Sondereigenthum und der Herrschaft fand.

Und auch der höhere sociale Aufbau des Mittelalters, der in dem Lehenswesen gesehen werden muss, hat seine Entstehung einer ähnlichen wirthschaftlichen Nothwendigkeit zu verdanken. Bei aller Anerkennung der politischen Tragweite, welche die Vassallität hatte, und um deren willen sie auch späterhin besonders begünstigt wurde, ist doch die Entstehungsursache und erste Verbreitung dieser socialen Erscheinung nicht darin zu sehen. Wohl war es den fränkischen Kaisern, vorab Karl d. Gr., um eine tüchtige politische Organisation zu thun und darum begünstigten sie auch gern jeden Ansatz dazu, der sich im Volke zeigte. Aber abgesehen davon, dass eben diese Ansätze das Product socialer Nothwendigkeit waren und von ihnen mehr angenommen als geschaffen wurden, so wuchs doch die Vassallität über ihre eignen politischen Institutionen hinaus und machte sich selbst mit unwiderstehlichem Zwange geltend, wo etwa die Neigung der Anerkennung dieses Factors nicht bestand. „Indem die Karolinger das Seniorat und die Vassallität anerkannten und den Grossen damit eine ihrer thatsächlichen Macht entsprechende Stellung im Staate gewährten, fügten sie dieselben dem Staate wieder ein, dessen Bahnen sie durchbrochen hatten" *).

*) Kaufmann in Hild. Jahrb. „Die Entstehung der Vassallität", Bd. 23, S. 127.

Anmerkungen zum I. Capitel.

[1]) Wir sehen dabei ausdrücklich ab von dem, was u. A. Kemble, Saxons I c. 2 und Anhang von den Angelsachsen ausführt, da die Entwickelung dieses Volksstammes schon frühzeitig eine ganz eigenartige war.

[2]) Die genealogia selbst der Markgenossenschaft gleichzustellen, wie Merkel (L. Al.) zu dieser Stelle, verbietet sich schon durch die Parallelstelle der L. Bajuv. XII, 8 (LL. III, 312), welche von streitigem Einzelbesitz handelt, den die commarcani entscheiden. S. a. Waitz I, 76, Gierke I, 61.

[3]) Eine wahre Parallelstelle ist hier Tacit. Germ. 12: Centeni singulis (sc. principibus) ex plebe comites consilium simul ac auctoritas adsunt.

[4]) L. Saxon. XVII: si hereditatem . . vendere voluerit, offerat eam primo proximo suo (seinem Verwandten), si ille emere noluerit, offerat tutori suo. Auch Stobbe (deutsches Priv.-R. 2. Aufl. 1875 II, 120 ff.) weist nichts nach, was für ein genossenschaftliches Retractrecht in älterer Zeit spräche. Die scheinbare Ausnahme in l. Burg. 84, 2 (LL. III, 568), wo ein Näherrecht des Romanus hospes statuirt ist, darf nicht hieher bezogen werden.

[5]) Siehe dagegen Waitz, Verf.-Gesch. II, 347—355. III, 340. Doch gibt es kein Beispiel eines gewählten Vorstehers einer Markgenossenschaft aus dieser Zeit, was wohl hiefür entscheidend sein dürfte.

[6]) Die von Zöpfl Rechtsalterthümer I, 327 ff. angeführten Beispiele von Zustimmung der Einwohner bei Veräusserungen betreffen theils die Centene und theils sind sie nur als Beweise für das Vorhandensein von Urkundspersonen zu gebrauchen. Vgl. Zöpfl selbst S. 329.

[7]) In einem Falle ist diess sogar positiv ausgeschlossen: Urk. 811 Tr. Fuld. ed. Dronke 261: venit ad villam V. quam tunc tempore Franci et Saxones inhabitare videbantur. Aber eben daraus lässt sich auch auf einen losen persönlichen Zusammenhang der Villa schliessen.

[8]) Einigermassen anders wäre die Stelle zu beurtheilen nach der Auffassung von Gierke I, 76 f., die aber eine unnöthig künstliche Ausdrucksweise voraussetzen würde.

[9]) So ist z. B. in Trad. Sang. 905 (II, 740) von einem curtile die Rede, das nur 2 jugera enthielt und ausser freiem Ein- und Ausgang nur Recht auf Abfall- und Leseholz im Walde hatte. Auch in Sachsen zeigen schon die frühesten Urkunden Ungleichheit des bäuerlichen Besitzes in demselben Dorfe: Gersdorf, Cod. dipl. Sax. II, 1, p. XXXVI.

[10]) Uebereinstimmend hiemit auch Waitz, Altdeutsche Hufe, S. 36. Aus viel späterer Zeit bietet ein Beispiel genossenschaftlicher Feldweide Lacombl. Urk.-B. I, 164 d. a. 1028: prata quoque que vel ipsi tunc

habuerunt vel abbas et fratres acquirere poterint in illis terminis qui vulgo dicuntur coupelweide.

[11]) Maurer, Einleitung zur Geschichte der Markverfassung, S. 151, denkt dabei sogar an die hergebrachte Nomadenwirthschaft, aber auch an Feldgemeinschaft, in der „Dorfverfassung" I, 22 an Mutter- und Tochterdörfer, was alles zu weit führt.

[12]) Die Stellen der l. Sal. 31, l. Ripuar. 80, l. Alam. 67 geben hiefür keinen Aufschluss, da zwischen den verschiedenen Wegen nicht unterschieden ist.

[13]) Die Stelle der Trad. Sang. 815 I, 214: 2 colonicas et annalies terris ist sicherlich nicht auf einen jährlichen Wechsel im Besitz zu deuten, wie Maurer, Einleitung zur Gesch. der Markverfassung, S. 8, meint. Auch das Cap. Chlodovechi ad l. Sal. (LL. II, 4) kann ich nicht als Beweis einer noch bestehenden Feldgemeinschaft gelten lassen. Die Nachbarschaft wird hier zwar als eine Einheit aufgefasst und ihr eine solidarische Haftung für einen Todtschlag auferlegt; aber die Ausdrücke: vicini illi in quorum campo vel exitum corpus inventum est, und: Homo in vestro agro vel in vestibulo est occisus sagen über die Eigenthums- und Nutzungsverhältnisse des campus und ager nichts aus, sondern fassen eben auch den gesammten Grundbesitz der vicini als Einheit auf. Das wird besonders deutlich, wenn wir exitus und vestibulum, wie es der Zusammenhang der Stelle verlangt, als eine nähere Bestimmung zu campus und ager auffassen, denn sie bedeuten dann nichts anderes als eben das Gebiet der vicini. Es erläutert diese Stelle vielleicht einigermassen das Weisthum von Patsch (Tirol. Weisthümer I, 250, Z. 112), wo von „der Pfrauner veld und ierer haustruchen" die Rede ist, ohne dass hier, bei durchgreifendem Hofsystem, an eine Feldgemeinschaft gedacht werden kann. Vgl. Dagegen Waitz II, 313. Roscher, System II, 234.

Anmerkungen zum II. Capitel.

[1]) Vgl. Hüllmann, Geschichte des Ursprungs der Stände. 2. Aufl. 1830. S. 57 ff. Einige Güter gehören allerdings der früheren Zeit an, einige wenige auch den späteren Jahrzehnten. In seiner „Finanzgeschichte" S. 19, hatte Hüllmann 123 urkundlich in der Karolingerzeit vorkommende Reichsdomänen verzeichnet. Ein Verzeichniss dieser Besitzungen auch bei Ideler Einhard I, 249 ff.

[2]) Vgl. Quitzmann, die Rechtsverfassung der Baiwaren, S. 80 f. Auch die folgenden Ausführungen bieten noch manche Anhaltspunkte zur Beurtheilung des königlichen und herzoglichen Grundbesitzes.

[3]) Ob freilich, wie W. Schmidt im Correspondenzblatt des Vereins für Anthropologie sagt, das bairische Flachland beim Einbruch der Baiuwaren mit eisernen Besen so gut wie rein gefegt war, wird mit Hinweis auf die Reste einer romanisch-keltischen Bevölkerung bestritten, z. B. von Riezler, Allgem. Zeitung, Beil. 1877, Nr. 163.

[4]) Allerdings können wir nicht annehmen, dass der casatus, mansionarius etc. regelmässig eine ganze Hufe enthielt, obwohl auch das schon frühzeitig nicht selten ist (Tr. Wizzenb. a° 695—711, nr. 228; Tr. Sang. 750, nr. 13; ib. 754, nr. 18). Aber bei der Ungleichheit, welche die Mansen selbst hatten, wird ihre Durchschnittsgrösse wohl auch für die nicht besonders bezeichneten Landgüter entsprechen.

[5]) Die Ableitung der später reich begüterten Grafen von Andechs von den Huosi, der Grafen von Falkenstein von den Fagana etc. ist nicht begründet. Von letzteren wissen wir nur, dass sie grosse Weidegebiete besassen (Meichelb. I[a] 49).

[6]) Leider konnte ich die Notiz, welche bei Jung, Römer und Romanen im Donaugebiete, S. 227, steht, nicht verificiren. Unter Herzog

Arnulf († 937) wurden dem Kloster Güter an 93 Orten entzogen. Mon. Boic. VI, 162.

[7]) Bemerkenswerth bleibt, dass der Monachus Sangallensis, ein Zeitgenosse Karls d. Gr. (SS. II), von St. Gallen sagen konnte: cunctis locis imperii latissimi pauperior visa est et angustior.

[8]) In dem summarischen Traditionscodex III, S. 274 ff. sind 15 Traditionen von Birstatt angemerkt. Nach dem Hufenverzeichniss ib. III, 302 waren daselbst 27 Hufen. Vgl. auch Waitz II, 217. Maurer, Dorfverfassung I, 7.

[9]) Nach den Summen, die im Breviar selbst gezogen sind: 834 Hufen, 733 Mansen. Diese Differenz ist entweder darauf zurückzuführen, dass der Schreiber unrichtig zusammengezählt hat (wofür allerdings viele ähnliche Fälle als Bestärkung dienen können) oder dass in der Handschrift jüngere Zusätze gemacht wurden, welche bei der älteren Summirung nicht berücksichtigt sein konnten, oder auch dass unrichtige Einträge ausgestrichen waren, Beides aber beim Abdrucke unberücksichtigt blieb. Es liegt eine unverkennbare Mahnung an alle Editoren solcher Quellen darin, die Handschrift genau nach ihrer Beschaffenheit auch im Drucke ersichtlich werden zu lassen. Vgl. meine Bemerkungen über Urbarien in Löher's archivalischer Zeitschrift 1877. II. S. 26 ff.

[10]) Diese Summen stimmen nicht vollständig mit den von Langethal (Geschichte der Landwirthschaft II, 260) angegebenen überein. Sie beruhen aber auf einer detaillirten tabellarischen Bearbeitung des Registrum Prumiense, welche ein Mitglied des Innsbrucker staatswissenschaftlichen Seminars, Herr Anton Kofler, mit grossem Fleisse hergestellt hat.

Anmerkungen zum III. Capitel.

[1]) Nach Roth, Beneficialwesen, S. 32 f., hätten die romanischen und keltischen Einrichtungen durch ihre Einwirkung auf deutsche Verhältnisse zuerst das deutsche Güterrecht angegriffen und eine vollständige Umwälzung in der Vertheilung des Grundbesitzes herbeigeführt. Unmittelbare Folge davon sei die Unterdrückung des Freienstandes und die Bildung einer zügellos frechen Aristokratie gewesen. Diese Auffassung wird durch das Folgende in wesentlichen Punkten modificirt.

[2]) Nach Augustin Thierry betrug die Anzahl der fränkischen Krieger, welche Gallien eroberten, 100,000. Die nummerische Schwäche dieses Volksstamms in der neuen Heimath ist historisch feststehend. S. u. a. auch Mittelrh. Urk.-B. II, S. XCVIII.

[3]) Tacit. Germ. 4: in tanto hominum numero; 19: in tam numerosa gente. Waitz I, 18. 98. Man denke auch z. B. an die 75,000 Krieger, Franken und Alamannen, die unter den Herzogen Leutharis und Butilinus im Jahre 552 einen (verhängnissvollen) Kriegszug nach Italien unternahmen; vgl. Stälin, Wirt. Gesch, I, 171. Die 100,000 fränkischen Krieger, welche Gallien eroberten (siehe die vorige Anmerkung), waren für das kleine Stammland eine sehr beträchtliche Zahl.

[4]) Vgl. hiezu meine Ausführungen über die Entwickelung der deutschen Alpendörfer in Raumer-Riehl's historischem Taschenbuch 1874. S. 131 ff.

[5]) Um das Jahr 758 wurden die Sachsen einem Tribut von 300 Pferden unterworfen, was auf die grossen Weidegebiete schliessen lässt, die in ihrem Lande bestanden. Ann. Laur. a. a. 758.

[6]) Seit Mommsen gezeigt hat, dass Innichen nicht das alte Aguntus ist, hat diese Urkunde viel an innerer Wahrscheinlichkeit gewonnen.

[7]) Vgl. L. Steub, rhät. Ethnologie, S. 67: „von der Burg zu Buchenstein, die hinter Enneberg fast schon im venedischen Gebirge liegt, bis auf Schloss Hohenbalken bei Somvix am bündtnerischen Vorderrhein tragen die Schlösser, ganz unabhängig von der Sprache, welche die

Landleute sprechen, deutsche Namen." Siehe auch meine „Entwickelung der deutschen Alpendörfer", S. 132. — Mittelrh. Urk.-Buch II, S. LXXI: „Auffällig im Gegensatz zur dicht gedrängten Ansiedlung der Ritterschaft in den Städten und Ortschaften der bebauten Flächen und Flussthäler ist die ächt germanische einsame Anlage der Burgen und Wohnsitze der freien Geschlechter auf ihren Allodialgütern in den unwirthlichsten, abgelegensten Waldschluchten der Eifel, Ardennen, des Soon-, Hoch- und Westerwaldes."

[8]) Es scheint sogar eine verhältnissmässig geringe Kinderfrequenz gerade unter den Leibeignen bestanden zu haben. In einer Urk. 804 (mittelrh. Urk.-B. I, 46) sind bei 40 selbständigen Haushaltungen 129 Kinder, in einer andern Urk. 826 (ib. I, 65) bei 22 Haushaltungen nur 56 Kinder aufgezählt, so dass auf eine Haushaltung nicht ganz 3 Kinder entfallen. In einer alamannischen Schenkung vom Jahre 773 (Tr. Sang. I, 68) werden neben 29 Erwachsenen nur 14 Kinder genannt; bei Meichelbeck I^b 43 a. 774 neben 21 Erwachsenen 11 Kinder, dagegen allerdings ebd. I, 52 a. 777 14 Kinder unter 26 Personen. Aehnliche Beispiele sind häufig.

[9]) Vgl. Gförer, zur Geschichte der Volksrechte, I, 119 ff., 405 ff., über Verarmung, besonders bei den Baiern. Er folgert diess aus mehrern Stellen der l. Bai. VIII, 23, XII, 5, XVI. 1, wo solcher Freier gedacht ist, die weder Sklaven noch eines Sklaven Werth, weder ein Grundstück noch 6 sol. in Geld oder nur Schafe besitzen.

[10]) Tr. Sang. von 813 I, 208: fuit vir condam Cunzo nomine qui casu interveniente obnoxius 2 werigeldorum refugium jubaminis ad coenobium . . conquisivit. Sed quia nostrum est oppressos solvere, deiectos sublevare . . . feneravimus ei solidos 100 ad sublevationem obnoxii sui, eo videlicet condicto, ut nobis annis singulis dum inter predicta pecunia ab illo demum reportata non fuerit, unam carratam civitalem, id sunt 33 sicle civitalie, pro censo persolvat; similiter autem heredes ipsius placitum condictum absque ulla contradictione consequantur. Vgl. auch Form. Sirm. 13 (Rozière I, 468, nr. 176), wo für eine Schuld an einem Grundstück der Besitz und Fruchtgenuss eingeräumt wird.

[11]) Um Pferd und Schwert verkauft Tr. Sang. 761 I, 31 einer seinen Besitz an 3 Orten an das Kloster St. Gallen. Bei einer Güterschenkung an Freising 846 wird für den Fall des Krieges oder bei sonstigem Bedarf die Stellung eines Streitrosses ausbedungen (Meich. I^b 640).

[12]) Es ist mir kein Beispiel eines solchen Schadensersatzes aus dieser Zeit bekannt. In viel späterer Zeit gibt einmal der Baiernherzog Entschädigung: Animadverti quaedam eorum (des Klosters Reichensberg) predia vastata, dum exercitus vel patre meo Liutpoldo vel me ipso ducente per terras eorum iret ac rediret. Privil. Leopoldi ducis Bavar. 1141. Mon. Boic. IV, 408.

[13]) Forestis bedeutet im Gegensatze zu saltus, silva ganz regelmässig den eingeforsteten, den Bannwald. Die meisten landesherrlichen und grundherrlichen Forste scheinen aber erst seit dem 12. und 13. Jahrhundert entstanden zu sein; vgl. den schönen Beweis bei Maurer, Einleitung, S. 219.

[14]) Beispiele einer Vertheilung von Geld und Land unter die Königsdiener: Ann. Lauresh. 796 (SS. I, 182). Eginhart 796 (SS. I, 183): Carolus reliquum (partem thesauri, quem Ericus dux Foroiuliensis . . regi de Pannonia detulerat) inter optimates et aulicos ceterosque in palatio suo militantes liberali manu distribuit.

[15]) Nach Chabert, Bruchstücke zu einer österr. Rechtsgeschichte, haben Aquileja 792, 832 und 879, Grado 803, Salzburg 816 und 837, Seben 847, 898, 909 f., Passau 887, 898, Triest 929, Regensburg 853, Chur 831, 843, auch Freising im 9. Jahrhundert Immunitätsbriefe erhalten. Für die Leichtigkeit der Erwerbung von Immunität geben besonders Zeugniss die Urkunde Ludwigs des Deutschen für Worms 856 (Württ. Urk.-B.

I, nr. 126): Eandem potestatem praefatae ecclesiae concessimus in villis ex utraque parte Neckaris, quae aut per totum, aut ex maxima parte ad W. pertinent. Similiter in his villis, ubi 4 vel 3 sive 2 habent, nihil regiae potestatis aut comes vel iudex retineat, sed totum ad manus episcopi eiusque advocati respiciat. Vgl. Waitz IV, 272.

Anmerkungen zum IV. Capitel.

1) Einige frühe Beispiele von Beneficien, welche weltliche Grundherren verliehen, mögen hier eine Stelle finden. Tr. Wizz. 734, nr. 9: quidquid Witharius ibidem pro beneficio nostro visus est habere. 739 ib. nr. 10: quomodo Pernhardus in beneficio (von dux Liutfridus) habuit. Tr. Sang. 775 I, 21: dono, quantumcunque genitor meus mihi moriens dereliquit et vassi mei . . . in beneficio nostro ibidem tenuerunt. T. Wizz. 776, nr. 58: quicquid Muatharius in nostro beneficio habere videtur. 784 ib. 60: excepto mancipia ipsa, que Adalwinus in meo beneficio habere videtur.

2) Anton (Geschichte der deutschen Landwirthschaft) I, 83 folgert daraus, „dass man damals schon Bauerngüter hatte, wo dem Besitzer Vieh und Geschirr gehörte, die auch besser daran waren, als die, welche nach älterer Sitte alles vom Herrn erhielten.“ Aber weder Tacitus, der von den Colonen sagt: suos penates regit, noch das Zeugniss der Urkunden scheint ihm Recht zu geben; vielmehr dürfte die zunehmende Ausstattung mit Inventar durch den Gutsherrn in der Verarmung der Colonen oder in den Bestrebungen jener, einen intensiveren Betrieb herbeizuführen, ihre Erklärung finden.

3) Es wird vielleicht gestattet sein, zur Uebersicht folgende kleine Tabelle einzuschalten. Von den Erwerbungsurkunden des Stifts St. Gallen lauten:

auf Uebertragung		%	Schenkung	%	Kauf und Tausch	%
— 768	17	36	28	58	3	6
768—814	102	66	44	28	9	6
814—840	117	72	37	22	10	6
840—876	132	65	34	17	37	18

4) Einige Beispiele mögen desshalb genügen:

752 Tr. Sang. I 16 1 curtis cum 11 casatis;
1 curtis cum 14 casatis;
763 ib. I 38 1 curtile (sala) cum 2 casatis;
764 ib. I 42 1 curtile cum 2 servis, 2 ingenuis;
797 ib. I 143 1 hoba domin. cum 4 hobis.
804 ib. I 179 1 casa cum 30 juchos cum 2 hobas;
808 Tr. Wizz. 19 1 curtis cum 54 servis;
863 C. Laur. I 34 1 hoba indom. cum. 9 hob. serv.;
C. Laur. III 223 1 hoba indom. cum 9 hob. serv.;
868 ib. I 37 3 hobas indom. cum 17 hob. serv.;
889 Kindlinger Beitr. II, 30 f. 1 curia cum 16 mans.

Zu der Abtei Prüm gehörten 893 Registr. Prum. 42 herrschaftliche Güter und 1466 Bauerngüter nebst 42 zinsenden Aloden.

5) Im Jahre 1149 wird das Salland eines Klosterhofs an die Hörigen vertheilt; Lacomblet, Urkundenbuch zur Gesch. d. Niederrhein I, 367.

6) In den Trad. Sang. ist die erste Urkunde, welche eine Vertauschung enthält, aus dem Jahre 787 (I, 112) unter Abt Werdo, der im Jahre 788 und 796 noch zwei weitere Gutstäusche vornimmt. Häufig werden die Tauschacte aber erst in der Mitte des 9. Jahrhunderts. Von 848—860

sind 7, von 861—873 dagegen 14 Urkunden über wichtigere Tauschoperationen vorhanden.

[7]) Die Berechnung stützt sich auf die Angabe Guérards (Polypt. de l'Abb. Irm.), wornach 1 rasta = 4444 Meter betrug, und ist mit Hilfe der ludolfischen Zahl ausgeführt. Die mittlere Dichtigkeit der Bevölkerung beträgt gegenwärtig in Deutschland 79, in Frankreich 68, in Oesterreich-Ungarn 61 Menschen auf den □Kilometer.

[8]) Auch Arnold's hessische Namenstudien (Ansiedlungen und Wanderungen deutscher Stämme, 1875), welche in mancher Hinsicht unsre Kenntnisse von den ältesten Culturzuständen erweitern, geben hiefür keinerlei Anhaltspunkte.

[9]) Der Ausdruck campus mit unbestimmter Bedeutung, nach Grösse und Grenzen angegeben, kömmt allerdings schon viel früher vor: 712 Tr. Wizz. 186; 713 ib. 244; 741 ib. 235; 777 ib. 230; 827 Lacombl. I, 43: 1 campus tenet plus minus inter terram arabilem et silvam aut 6 aut 7 jurnales. Aehnlich auch 831 Tr. Sang. I, 337: 1 agrum habentem 12 juchos.

[10]) Im 10. Jahrhundert ist diese Eintheilung noch deutlicher ausgedrückt. Nachrichten von Iuvav. S. 175: exceptis in unaquaque parte quam zelga vocamus, jugeribus 3. Auch in den notitiae hubarum im C. Laur. III, z. B. 3672 steht häufig in unaquaque satione.

[11]) Nur beispielsweise verweisen wir auf einige Urkunden vom Niederrhein. 794 Lacombl. I, 4; 796 ib. I, 5; 800, I 16; 801, I 20; 802, I 24; 819, I 37; 820, I 39; 826, I 42; 827, I 43; 833, I 45 (8 jurn.); 834, I 48 (20 furlangas); 836, I 51 (10 jugera); 838, I 53 (5 jugera); 841, I 55 (8 jugera); 843, I 57 und 844, I 58 (2 jugera); 846, I 62 (1 jug.). Aber auch Trad. Sang. 802, I, 165; 814, I 212 (6 jurnales); 820, I 247 (1 modiale). Und von da an kehren solche Beispiele oft wieder.

[12]) Es liegt dieser Annahme die Untersuchung von 50 Angaben aus verschiedenen Gegenden zu Grunde, wornach das Verhältniss im Durchschnitt von 22 Angaben aus dem 8. Jahrhundert wie 1 : 3.75, aus 28 Angaben des 9. Jahrhunderts wie 1 : 2 sich ergibt. Bei der Unsicherheit der einzelnen Angaben und der geringen Menge derselben in den Urkunden ist allerdings ein sicherer Schluss noch nicht erlaubt; aber eine nicht unbeträchtliche Vermehrung der eigens cultivirten Wiesen im 9. Jahrhundert scheint doch daraus hervorzugehen.

[13]) Anton, Gesch. der Landwirthsch. I, 291, nimmt an, dass in dieser Art der Messung ein bedeutender Fortschritt der Wiesencultur zum Ausdruck komme; er kennt aber nur ein Beispiel vom Jahre 924 (Neugart C. dipl. Alem. 578) dafür.

[14]) Die folgende Tabelle stellt den ganzen Viehstand der im Breviarium rerum fiscalium (LL. I, 176 ff.) beschriebenen Güter dar:

Viehgattung	in Staffelsee	in Asnapium	in illo fisco	in illo fisco	in illo fisco
caballus domitus	1	—	—	—	—
jumenta maiora	—	51	79	44	—
jum. de anno III	—	5	24	10	—
de anno praet.	—	7	12	12	10
de anno praesent	—	7	13	15	11
poledros bimos	—	10	6	7	10
annotinos	—	8	12	—	5
emissarios	—	3	4	2	2

Viehgattung	in Staffelsee	in Asnapium	in illo fisco	in illo fisco	in illo fisco
boves	26	16	20	24	—
vaccas	20	—	—	—	—
v. c. vitulis	—	50	30	6	—
tauros	1	3	3	—	1
iuvencos	61	20	{ 10	{ 5	8
vitul. annotinos	5	38			3
vervices	87	—	—	—	—
c. agnis	—	150	80	150	150
agnellos	14	200	80	200	200
hircos	17	3	6	5	10
capras	58	—	—	—	—
c. hedis	—	30	15	20	30
hediculos	12	30	6	16	90
arietes	—	120	82	8	100
asinos	—	2	2	—	—
porcos	40	260	150	90	150
porcellos	50	100	100	70	100
verres	—	5	—	—	—
aucas	63	30	40	10	20
pullos	50	80	100	—	—
annantes	—	—	6	—	4
pavones	—	22	8	—	—
vasa apium	17	—	50	—	—
porcelli nutriti	56	—	—	—	—

[15]) Eine kleine Tabelle, aus vereinzelten urkundlichen Angaben zusammengestellt, mag nicht ohne Werth sein.

Jahr	Pferde	Rinder	Kleinvieh	In Procenten		
				Pferde	Rinder	Kleinvieh
755	—	4	50	—	7	93
786	—	6	70	—	8	92
795	2	12	33	5	25	70
812	369	235	2036	12	7	81
—	91	127	898	9	11	80
—	1	113	354	2	23	75
814	—	3	6	—	33	66
815	2	40	25	3	60	37
817	6	6	30	14	14	72
825	1	4	10	6	27	67
834	—	6	30	—	17	83
836	2	39	32	2	53	45
837	—	39	92	—	30	70
838	—	25	77	—	25	75
840	2	6	30	5	16	79
841	—	24	98	—	19	81
879	—	10	40	—	20	80
895	—	6	20	—	23	77

[16]) Wir haben dabei nach Guérard das Verhältniss des grossen modius zum kleinen wie 7 : 9 angesetzt und 1 corbus = 12 modios gerechnet; die Summe aber in dem grösseren regelmässigen modius à 68 Liter angegeben. Da nun aus 1 modius $^5/_{12}$ karoling. Pfund Mehl gemacht werden konnten, so wäre damit, das Pfund zu 0.4 Kilogr. gerechnet, etwa 1500 Kilogr. in Mehlwerth vorhanden gewesen.